长三角G60科创走廊
G60 S&T INNOVATION VALLEY OF YANGTZE RIVER DELTA

长三角 G60 科创走廊高质量一体化发展研究报告

张云　韩云　等著

中国财经出版传媒集团
中国财政经济出版社

图书在版编目（CIP）数据

长三角 G60 科创走廊高质量一体化发展研究报告 /
张云，韩云等著. --北京：中国财政经济出版社，2021.2
ISBN 978-7-5223-0399-4

Ⅰ.①长…　Ⅱ.①张…②韩…　Ⅲ.①长江三角洲-高技术企业-企业发展-研究报告　Ⅳ.①F279.244.4

中国版本图书馆 CIP 数据核字（2021）第 036634 号

责任编辑：苏小珺　　责任校对：徐艳丽
封面设计：北京兰卡绘世　　责任印制：党　辉

长三角 G60 科创走廊高质量一体化发展研究报告
CHANGSANJIAO G60 KECHUANG ZOULANG GAOZHILIANG YITIHUA FAZHAN YANJIU BAOGAO

中国财政经济出版社 出版

URL：http：//www.cfeph.cn
E-mail：cfeph@cfeph.cn

社址：北京市海淀区阜成路甲 28 号　邮政编码：100142
营销中心电话：010-88191522
天猫网店：中国财政经济出版社旗舰店
网址：https：//zgczjjcbs.tmall.com
北京时捷印刷有限公司印刷　各地新华书店经销
成品尺寸：185mm×260mm　16 开　11.75 印张　180 000 字
2021 年 2 月第 1 版　2021 年 2 月北京第 1 次印刷
定价：60.00 元
ISBN 978-7-5223-0399-4
（图书出现印装问题，本社负责调换，电话：010-88190548）
本社质量投诉电话：010-88190744
打击盗版举报热线：010-88191661　QQ：2242791300

课题领导小组：

周　亚　上海市统计局局长

李　谦　上海市松江区区长

课题研究总顾问：

阮大成　上海市统计局总统计师

课题研究指导：

王　平　长三角 G60 科创走廊联席会议办公室常务副主任

潘宏凯　长三角 G60 科创走廊联席会议办公室副主任

宋苏伟　长三角 G60 科创走廊联席会议办公室科创组组长

郭淑晴　长三角 G60 科创走廊联席会议办公室综合组组长

贾占峰　长三角 G60 科创走廊联席会议办公室金融商务组组长

邢　勇　上海市松江区统计局局长

沈　倩　上海市松江区统计局副局长

蔡　皎　上海市松江区统计局副局长

王丙寅　上海市松江区统计局综合统计科科长

课题研究组组长：

张　云　上海立信会计金融学院金融学院主持工作副院长、教授

课题研究组成员：

韩　云　上海立信会计金融学院金融投资与绿色发展研究中心主任、博士

方　茜　上海立信会计金融学院金融学院讲师、博士

王向进　上海立信会计金融学院金融学院讲师、博士

吴　洁　上海立信会计金融学院金融学院实验中心副主任、博士

周叶菁　上海立信会计金融学院金融学院讲师、博士

刘郭方　上海立信会计金融学院金融学院讲师、博士

周冬胜　阵图（上海）网络科技有限公司技术总监
朱国众　上海市统计和大数据研究院高级统计师
杨秀艳　上海市统计和大数据研究院研究人员
库天一　上海市统计和大数据研究院统计师
方慧娟　上海市统计和大数据研究院研究人员
周　戈　上海市统计和大数据研究院统计师

复旦大学、同济大学、上海财经大学、南京大学、河海大学、长沙理工大学、南京财经大学、安徽财经大学、浙江工商大学、国元证券、兴银基金、上海圩学教育科技等相关项目组成员。

目录

C O N T E N T S

引言 1

第一部分 长三角 G60 科创走廊高质量一体化发展背景 5

第二部分 长三角 G60 科创走廊高质量一体化发展指数编制框架与评估体系 11

一、指标池构建 // 13

二、指数体系框架 // 14

三、数据来源与指数计算方法 // 17

（一）数据来源 // 17

（二）指数计算方法 // 17

第三部分 长三角 G60 科创走廊高质量一体化发展指数评价结果及分析 19

一、总体发展评价 // 21

（一）长三角 G60 科创走廊高质量一体化发展综合指数 // 21

（二）长三角 G60 科创走廊与长三角地区、全国的对比分析 // 22

（三）长三角 G60 科创走廊高质量一体化发展总体分析 // 25

（四）长三角 G60 科创走廊高质量一体化发展核心驱动因素分析 // 27

（五）长三角 G60 科创走廊高质量一体化发展评价总结 // 29

二、分领域具体评价 // 30

（一）经济发展 // 30

（二）科技创新 // 36
（三）要素流动 // 42
（四）产业集群 // 47
（五）绿色发展 // 53
（六）市场开放 // 58
（七）社会民生 // 63
（八）辐射贡献 // 68
（九）区域均衡 // 71

第四部分　九城市高质量一体化发展指数评价结果及分析　77

一、上海松江篇 // 79
（一）上海松江分指数分析 // 80
（二）上海松江主要指标情况 // 80
（三）上海松江特色发展情况 // 86
二、浙江嘉兴篇 // 96
（一）浙江嘉兴分指数分析 // 97
（二）浙江嘉兴主要指标情况 // 97
（三）浙江嘉兴特色发展情况 // 102
三、浙江杭州篇 // 107
（一）浙江杭州分指数分析 // 108
（二）浙江杭州主要指标情况 // 108
（三）浙江杭州特色发展情况 // 110
四、浙江金华篇 // 113
（一）浙江金华分指数分析 // 114
（二）浙江金华主要指标情况 // 114
（三）浙江金华特色发展情况 // 117
五、江苏苏州篇 // 123
（一）江苏苏州分指数分析 // 124
（二）江苏苏州主要指标情况 // 125

（三）江苏苏州特色发展情况 // 131
六、浙江湖州篇 // 136
（一）浙江湖州分指数分析 // 137
（二）浙江湖州主要指标情况 // 138
（三）浙江湖州特色发展情况 // 141
七、安徽宣城篇 // 146
（一）安徽宣城分指数分析 // 147
（二）安徽宣城主要指标情况 // 148
（三）安徽宣城特色发展情况 // 150
八、安徽芜湖篇 // 155
（一）安徽芜湖分指数分析 // 156
（二）安徽芜湖主要指标情况 // 157
（三）安徽芜湖特色发展情况 // 159
九、安徽合肥篇 // 162
（一）安徽合肥分指数分析 // 163
（二）安徽合肥主要指标情况 // 164
（三）安徽合肥特色发展情况 // 168

第五部分 政策建议 173

引　言

2019 年 12 月，中共中央、国务院印发《长江三角洲区域一体化发展规划纲要》（以下简称《纲要》），明确提出，依托交通大通道，以市场化、法治化方式加强合作，持续有序推进 G60 科创走廊建设，打造科技和制度创新双轮驱动、产业和城市一体化发展的先行先试走廊。

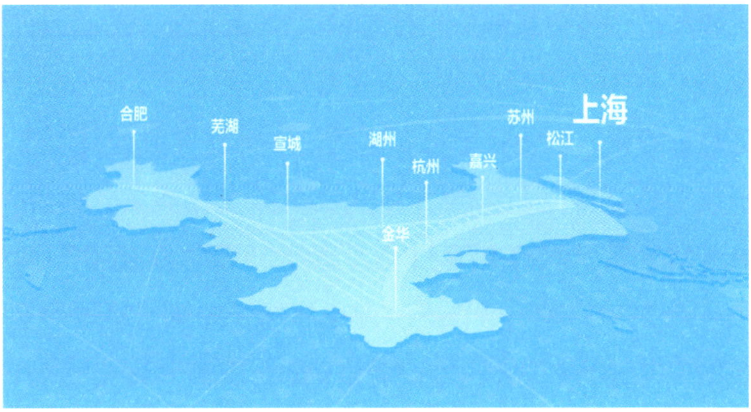

2016 年初，上海松江率先启动依托 G60 高速公路的 1.0 版“G60 上海松江科创走廊”建设，在科创驱动由“松江制造”迈向“松江创造”方面跨出了坚实步伐。2017 年 7 月 12 日，松江、杭州、嘉兴三地签订《沪嘉杭 G60 科创走廊建设战略合作协议》，标志着 2.0 版的“沪嘉杭 G60 科创走廊”正式启动，三地在建立要素对接常态化合作机制、推动产业链布局、打造科创平台载体等方面取得显著成效。2018 年，G60 科创走廊从“高速公路时代的 2.0 版”迈向“高铁时代的 3.0 版”，G60 科创走廊拓展至九地市的“长三角 G60 科创走廊”。2019 年，长三角 G60 科创走廊纳入中共中央、国务院《纲要》，在习近平新时代中国特色社会主义思想的指导下，长三角 G60 科创走廊全面贯彻党的十九大和十九届二中、三中、四中、五中全会精神，结合区位优势、产业发展基础和资源禀赋，持续推进科技创新和制度创新，从秉持新发展理念的基层生动实践上升为国家战略的重要组成部分，辐射范围不断扩大。2020 年 11 月 3 日，科技部、国家发展改革委、工业和信息化部、中国人民银行、银保监会、证监会联合印发《长三

角G60科创走廊建设方案》，明确以市场化、法治化为导向，以“科创＋产业”为抓手，以高标准创新能力建设为支撑，促进长三角基层加强合作和跨区域协调联动，着力打造世界级产业集群，着力打造科技创新策源地，着力打造产城融合典范，着力打造一流营商环境，形成资金共同投入、技术共同转化、利益共同分享的协同创新共同体，建成科技和制度创新双轮驱动、产业和城市一体化发展的先行先试走廊。

长三角G60科创走廊高质量一体化建设，需要一套科学完整的评价指标体系，这是市场化、法治化推进高质量一体化发展的重要制度保障。《纲要》明确提出要建立健全长三角一体化发展的指标体系、评价体系、统计体系和绩效考核体系。本研究紧扣“一体化”和“高质量”两个关键词，突出“科创＋产业”主线，结合经济理论和统计理论，构建一套设计科学、结构完善和操作可行的长三角G60科创走廊高质量一体化发展评价指标体系，量化测度科技创新、制度创新和经济产业发展，全面评价长三角G60科创走廊高质量一体化发展成效，精准反映其对长三角一体化发展的引领推动作用，为考核激励制度创新提供参考，为制定未来发展规划提供依据，促进长三角G60科创走廊和长三角区域更高质量一体化发展。

第一部分

长三角G60科创走廊高质量一体化发展背景

2019 年 5 月 13 日，习近平总书记主持中共中央政治局全体会议，审议通过《长江三角洲区域一体化发展规划纲要》，并于 12 月 1 日正式对全国公开发布。其中，第一章第一节和第三章第一节分别提出“建立 G60 科创走廊等一批跨区域合作平台”，“依托交通大通道，以市场化、法治化方式加强合作，持续有序推进 G60 科创走廊建设，打造科技和制度创新双轮驱动、产业和城市一体化发展的先行先试走廊”。这标志着 G60 科创走廊从秉持新发展理念的基层生动实践上升为国家战略的重要组成部分。

2019 年 6 月 3 日，中央推动长三角一体化发展领导小组全体会议在上海召开，明确由科技部牵头推进 G60 科创走廊建设。9 月 23 日，长三角 G60 科创走廊成果专题列入“庆祝中华人民共和国成立 70 周年大型成就展”。12 月 5 日，由科技部牵头的推进 G60 科创走廊建设专责小组第一次全体会议在上海松江召开，标志着国家推进 G60 科创走廊建设领导工作机制正式启动。长三角 G60 科创走廊发展演化如图 1－1 所示。

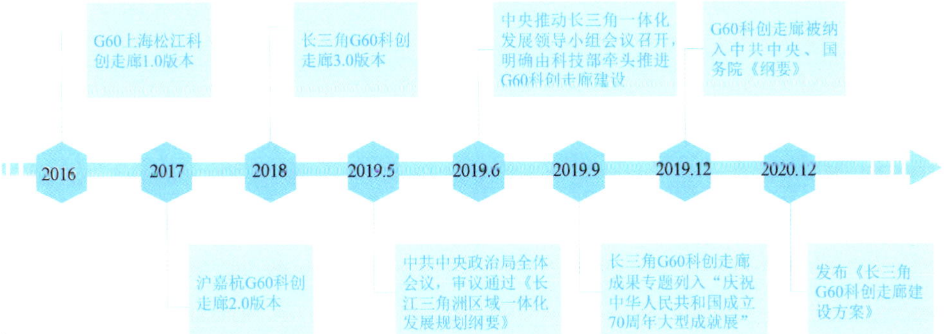

图 1－1　G60 科创走廊发展历程

为推进长三角 G60 科创走廊发展，各部委和一市三省积极出台各类措施，包括加快科技创新推动高质量发展、促进产业转型升级培育新动能、金融综合支持先进制造业发展等。例如，2019 年 11 月，中国人民银行上海总部倡议推动、G60 科创走廊九城市与有关金融机构共同研究形成的《金融支持长三角G60科创走廊先进制造业高质量发展综合服务方案》正式发布，以促进长三角G60科创走廊先进制造业发展与金融服务优化、推动先进制造产业集群高质量一体化发展为核心任务，重点聚焦长三角G60科创走廊重大科技创新及研发项目，重点支持从事人工智能、集成电路、生物医药、高端装备、新能源、新材料、新能源汽车七大领域的科创企业与制造业企业。2019年12月，科技部会同国家发展改革委、工业和信息化部、中国人民银行、银保监会、证监会和沪苏浙皖科技委（厅）、G60科创走廊九市（区）政府，成立了国家推进G60科创走廊建设专责小组，国家推进G60科创走廊建设领导工作机制正式启动。2020年2月，中国人民银行、银保监会、证监会、外汇局与上海市政府联合发布《关于进一步推进上海国际金融中心建设和金融支持长三角一体化的意见》，提出推动G60科创走廊相关机构在银行间债券市场、交易所债券市场发行创业投资基金类债券、双创债务融资工具、双创金融债券和创新创业公司债。2020年11月3日，科技部、国家发展改革委、工业和信息化部、中国人民银行、银保监会、证监会联合印发《长三角G60科创走廊建设方案》，成为指导长三角G60科创走廊贯彻落实国家战略、推动科创驱动先进制造业高质量一体化发展的行动指南。

在中央的战略定位和各部委、地方政府的政策措施支持下，依托G60高速公路和沪苏湖合高铁的长三角G60科创走廊一体化发展开启“高速”发展模式，其强劲的科创驱动效应、产业结构调整、先进制造业投资、辐射带动战略愈发受到关注。截至2020年12月底，长三角G60科创走廊九城市分工合作明确，已经形成了人工智能、智慧安防、生物医药、新材料、园区联盟、智能驾驶、集成电路、智能装备、新能源、机器人、通航产业、新能源和网联汽车、跨境电商13个产业联盟，为加快G60科创走廊产业链一体化布局、深化跨区域合作模式、带动区域经济强劲增长、推进长三角高质量一体化发展谱下新的篇章。

推动长三角一体化发展是关系国家发展全局的重大战略，对实现“两个一百年”奋斗目标、实现中华民族伟大复兴的中国梦具有重要意义。2020年8月22日，习近平总书记在合肥主持召开扎实推进长三角一体化发展座谈会并发表重要讲话，提出要深刻认识长三角区域在国家经济社会发展中的地位和作用，结合长三角一体化发展面临的新形势新要求，坚持目标导向、问题导向相统一，紧扣一体化和高质量两个关键词抓好重点工作，真抓实干、埋头苦干，推动长三角一体化发展不断取得成效。党的十九届五中全会指出，当今世界正经历百年未有之大变局，新一轮科技革命和产业变革深入发展。面对日趋复杂的国际环境，在“双循环”新发展格局下，长三角区域如何利用日益畅通的“小循环”来促进国内经济发展的“大循环”，进而促进国内国际“双循环”，是长三角区域一体化发展下一阶段的重点内容。作为长三角区域的先行先试要地，长三角G60科创走廊建设有利于发挥九城市的规模、交通、创新“三大优势”，聚合产业、人才、资源“三大效应”，推动质量、效率、动力“三大变革”，提高经济集聚度、区域连接性和政策协同效率，更好地服务长三角一体化发展国家战略。

长三角G60科创走廊自启动建设以来，无论是自身发展成效，还是辐

射效应，都取得了显著成效，特别是在新冠肺炎疫情防控过程中，落实供给侧结构性改革，以新业态、新基建、新消费引领新投资，展示了逆势飞扬的新奇迹。本研究结合经济理论和统计理论，旨在通过构建一套设计科学、结构完善和操作可行的高质量一体化发展评价指标体系，量化测度长三角 G60 科创走廊科技创新、制度创新和经济产业发展情况，全面评价长三角 G60 科创走廊高质量一体化发展成效，精准反映其对长三角一体化发展的引领推动作用；同时，希望通过数据技术构建长三角 G60 科创走廊九城市的全量数据库，通过指标测算分析和指数评估判别，从统计的角度科学分析 G60 科创走廊整体及九城市发展过程中存在的问题，探寻可优化改进之处，为考核激励制度创新提供参考，为制定未来发展规划提供依据，促进长三角 G60 科创走廊和长三角区域更高质量一体化发展。

第二部分

长三角G60科创走廊高质量一体化发展指数编制框架与评估体系

一、指标池构建

长三角 G60 科创走廊一体化发展，强化科创聚集和空间溢出，加深区域经济联系，提升区域产业结构的聚集化和高端化，进而推动区域经济的高质量发展。科学、客观地衡量 G60 科创走廊高质量一体化发展水平，对于准确把握科创走廊发展现状，继续推进科创走廊高质量发展，具有重要的现实意义。本课题根据上海统计局数据监测要求确定总量和常规性指标，依据前沿文献构建特色指标，根据研究机构发布报告选定专项指标，根据长三角 G60 科创走廊高质量发展和一体化发展相关规划设置针对性指标，构建综合指标池。指标包括总量指标、科技创新、产业发展与集聚、人才聚集、资金流动、商品贸易、基础设施、社会服务、绿色生态、九城市贡献、市场开放与融合、社会影响与评价 12 个方面；在此基础上设计二级、三级和四级指标，最终形成长三角 G60 科创走廊高质量一体化发展评价综合指标池。

长三角 G60 科创走廊高质量一体化发展评价指标池中，高质量发展相关指标主要是基于科技创新驱动、绿色生态可持续发展、市场开放程度和以此取得的高质量经济绩效成果的逻辑线展开，一体化发展相关指标则以基于政策协同下的区域间要素配置流动、科创产业集群提升及辐射影响一体化为主线展开。

图 2－1　长三角 G60 科创走廊 3.0 版总体空间分布规划图

二、指数体系框架

本研究根据《纲要》的总体要求和指导思想，立足于综合指标池和数据，紧扣“一体化”和“高质量”的核心要义，构建长三角 G60 科创走廊高质量一体化发展指数。“高质量”指数从经济发展、科技创新、绿色发展、市场开放和社会民生 5 个方面来构建，而“一体化”指数从要素流动、产业集群、区域均衡、辐射贡献 4 个方面来构建。这 9 类一级指标不仅包含统计部门公布的相关指标，而且突出 G60 科创走廊“科创 + 产业”的工作主线和战略特色。根据 9 类一级指标，分别设定二级指标，具体如表 2－1 所示。

表 2－1　长三角 G60 科创走廊高质量一体化发展指数指标体系（部分指标）

一级指标	二级指标	三级指标	指标类别
一体化	要素流动	劳动力配置效率	正指标
		资本配置效率	正指标
		金融配置效率	正指标
		直接融资额占长三角的比重	正指标
		技术要素流动强度	正指标
	产业集群	第三产业占 GDP 比重	正指标
		规模以上工业增加值占地区生产总值比重	正指标
		园区联盟企业数量	正指标
		产业联盟数	正指标
		地区协同指数——克格曼指数	正指标
		高新技术产业集中度	正指标
		集群创新产品构成	正指标
	区域均衡	人均地区生产总值变异系数	逆指标
		一般公共预算收入变异系数	逆指标
		城镇居民人均可支配收入变异系数	逆指标
		每万人有效发明专利数变异系数	逆指标
		人均地方一般公共预算支出变异系数	逆指标
	辐射贡献	地区生产总值长三角占比	正指标
		规模以上企业利润总额长三角占比	正指标
		R&D 经费投入长三角占比	正指标
		专利授权数长三角占比	正指标
		境外持股企业数量占长三角境外持股企业数量比重	正指标
		一般公共预算收入占长三角一般公共预算收入比重	正指标

续表

一级指标	二级指标	三级指标	指标类别
高质量	经济发展	GDP 增长率	正指标
		规模以上工业企业利润总额占 GDP 的比重	正指标
		一般公共预算收入占 GDP 的比重	正指标
		进出口结构	正指标
		产业结构高级化程度	正指标
		人均 GDP	正指标
		城镇居民人均可支配收入	正指标
	辐射贡献	地区生产总值长三角占比	正指标
		规模以上企业利润总额长三角占比	正指标
		R&D 经费投入长三角占比	正指标
		专利授权数长三角占比	正指标
		境外持股企业数量占长三角境外持股企业数量比重	正指标
		一般公共预算收入占长三角一般公共预算收入比重	正指标
	科技创新	R&D 经费投入强度	正指标
		R&D 人员投入力度	正指标
		每万人有效发明专利数	正指标
		技术合同成交额占比	正指标
		高新技术企业数	正指标
		规模以上工业新产品增利度	正指标
	绿色发展	人均污染治理投资强度	正指标
		人均绿色专利数	正指标
		单位 GDP 能耗	逆指标
		城市空气质量优良率	正指标
		PM2.5 平均浓度	逆指标
	市场开放	外资持股上市企业数占九城市的比重	正指标
		货币市场开放程度	正指标
		外资开放度	正指标
		外贸依存度	正指标
	社会民生	常住人口城镇化率	正指标
		人均地方一般公共预算支出	正指标
		每万人执业（含助理）医师数	正指标
		城市居民生活保障月最低标准	正指标
		城镇居民人均可支配收入	正指标

三、数据来源与指数计算方法

（一）数据来源

为了充分发挥长三角 G60 科创走廊高质量一体化发展指数的风向标和助推器作用，设计一套科学可行、便于操作的数据采集方案，来保证所采集各项指标的统计数据具备准确性、经济性、保密性、相关性、时效性、详细性等质量要求。根据长三角 G60 科创走廊高质量一体化发展评价指标体系的数据来源类型，可以分为现有数据、测算数据和调研数据。现有数据主要通过官方公布的统计年鉴和公报获得，如城市统计年鉴、城市科技统计年鉴、城市经济和社会发展统计公报等，还有部分数据由长三角 G60 科创走廊联席办、九城市统计局等有关部门提供；测算数据是根据相关领域的指标计算方法和权威学术期刊研究方法等进行测算得到的数据；调研数据是通过问卷和座谈会等途径，并结合专家评价法生成的数据。

（二）指数计算方法

长三角 G60 科创走廊高质量一体化发展评价指标涉及人口、经济、社会、环境等多方面因素，仅采用定量指标无法全面评价 G60 科创走廊发展成效，本研究采用定性和定量指标相结合的综合评价方法。根据设计的指标体系特点，本研究运用熵值法综合评价模型和专家评分法等方法对指数进行测算。

熵值法是一种客观赋值法，根据每项指标观测值所提供的信息大小来确定指标权重。在信息论中，熵是对不确定性的一种度量。信息量越大，不确定性就越小，熵也就越小。在熵值法综合评价模型步骤中，第一步是获得数据矩阵；第二步，分别对所有指标进行无量纲和标准化处理（即异质指标同质化）；第三步，对归一化后的指标进行非负化处理，同时计算每个维度下各指标的权重；第四步，根据权重计算公式得到各指标权重后，进一步计算各指标的熵值及信息熵冗余度；第五步，根据信息熵冗余计算各项指标的权重和各城市综合得分；第六步，以维度指数为原始值和权重，计算得到综合评分，并根据科技创新、产业集群的重要作用，经过专家评分法对各指数权重进行优化。需要说明的是，本研究获得各年度分领域指数后，以2016年基期值计算其余各年份指数。以此类推，得到各大目标指数2017年、2018年、2019年的指数值。在计算各城市分领域发展指数时，以2016年九城市分领域评分均值为基期值，再用各城市各年度评分值除以基期值得到分指数值。

第三部分

长三角G60科创走廊高质量一体化发展指数评价结果及分析

一、总体发展评价

（一）长三角 G60 科创走廊高质量一体化发展综合指数

长三角 G60 科创走廊是长三角更高质量一体化发展的先行先试走廊，通过区域实质性合作的推进和一体化水平的提高，实现城市群经济社会高质量一体化发展。长三角 G60 科创走廊紧扣“一体化”和“高质量”两个关键，坚持科技和制度创新双轮驱动，全力打造长三角高质量发展的重要引擎。本研究依据长三角 G60 科创走廊成立以来的发展情况，利用指数体系测算长三角 G60 科创走廊高质量一体化发展综合指数，具体计算结果如图 3 -1 所示。

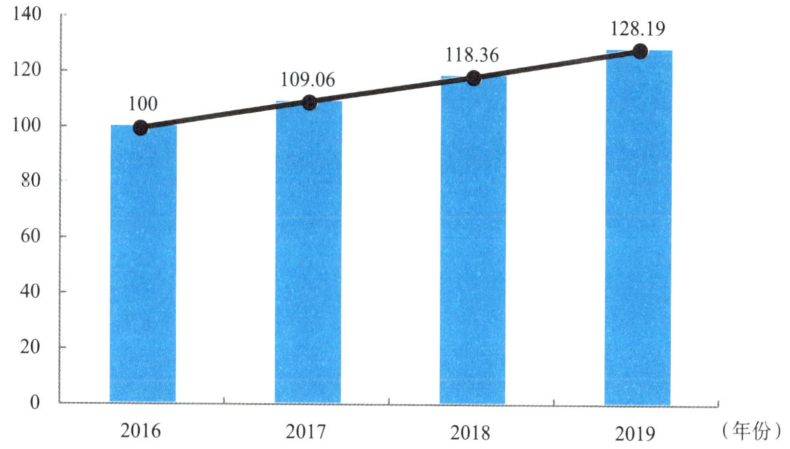

图 3 -1　长三角 G60 科创走廊高质量一体化发展综合指数

据图 3 -1 所示，长三角 G60 科创走廊高质量一体化发展综合指数，以 2016 年作为基期，基期指数为 100，2017—2019 年期间综合指数分别为 109. 06、118. 36、128. 19。可见，长三角 G60 科创走廊高质量一体化发展综合指数每年保持 9% 以上的增长率，2017 年、2018 年和 2019 年综合指数分别增长 9. 06%、9. 30% 和 9. 83%，呈现显著上升的发展态势，2019 年相比基期2016年累计增长达到28.19%。长三角G60科创走廊高质量一体化发展综合指数增长说明，长三角G60科创走廊已经步入区域高质量一体化发展的快速通道。

（二）长三角G60科创走廊与长三角地区、全国的对比分析

《纲要》明确提出“依托交通大通道，以市场化、法治化方式加强合作，持续有序推进G60科创走廊建设，打造科技和制度创新双轮驱动、产业和城市一体化发展的先行先试走廊”，长三角G60科创走廊对长三角一体化发展发挥着先驱作用。本研究对比2016—2019年G60科创走廊、长三角地区、全国的GDP同比增速，发现长三角G60科创走廊的经济增速均高于长三角地区和全国的经济增速，长三角G60科创走廊经济发展引领作用显著，具体如图3-2所示。

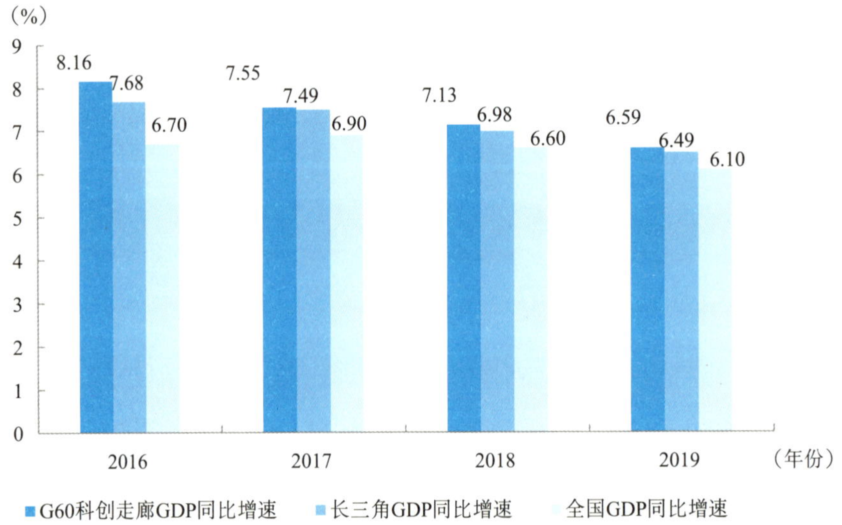

图3-2 长三角G60科创走廊经济引擎增速对比

2016—2019年，长三角G60科创走廊九城市居民人均可支配收入呈现逐年递增的趋势，且远高于长三角地区和全国水平，如图3-3所示。2019年，长三角G60科创走廊居民人均可支配收入为55477.22元，居民人均可

支配收入为46788.80元，全国居民人均可支配收入为30732.80元。长三角G60科创走廊居民人均可支配收入是全国水平的180.51%，相当于长三角地区水平的118.57%。

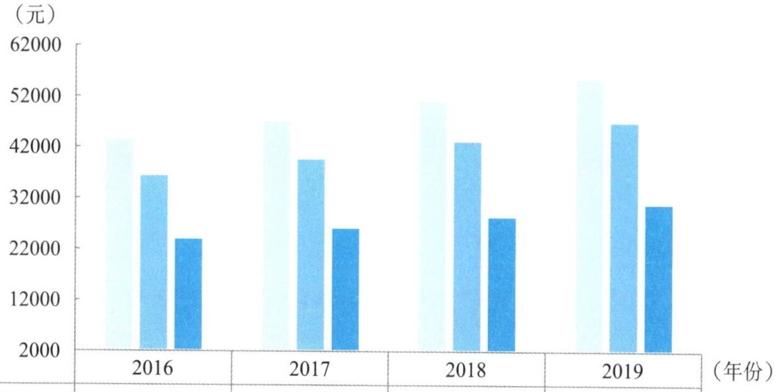

	2016	2017	2018	2019
G60居民人均可支配收入	43262.33	47009.78	51112.78	55477.22
长三角居民人均可支配收入	36225.63	39480.28	43025.45	46788.80
全国居民人均可支配收入	23821.00	25973.80	28228.00	30732.80

G60居民人均可支配收入　长三角居民人均可支配收入　全国居民人均可支配收入

图3－3　居民人均可支配收入对比

为了进一步分析科技创新的驱动作用，本研究对比了2019年长三角G60科创走廊、长三角地区和全国的R&D投入情况，如图3－4所示。2019年，长三角G60科创走廊九城市R&D投入为1949.03亿元，占GDP的比重为2.96%；长三角一市三省R&D投入比例为2.88%，全国R&D投入占GDP的比重为2.23%。显然，长三角G60科创走廊R&D投入占比显著大于长三角地区和全国R&D投入占比。此外，2019年长三角G60科创走廊九城市新增授权发明专利为260751项，占长三角新增授权发明专利比重为33.34%，充分显示了长三角G60科创走廊对于科技创新的重视，名副其实成为长三角一体化发展的科创先驱。

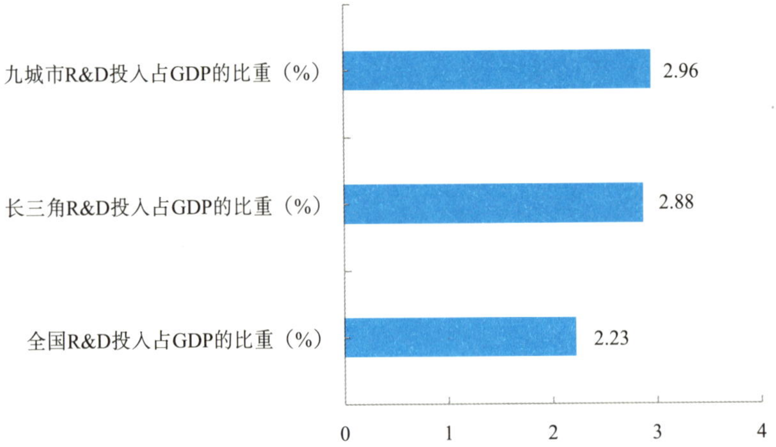

图 3－4　2019 年 G60 科创走廊科创发展成效对比

本研究进一步测算了 G60 科创走廊主要指标在长三角地区的占比情况，具体如图 3－5 所示。长三角 G60 科创走廊专利授权数、R&D 经费投入、规模以上工业企业利润总额、生产总值在长三角地区的占比分别为 33.34%、28.97%、27.70%和 36.50%，占比均超过四分之一。总体来看，长三角 G60 科创走廊九城市正以技术驱动引领长三角区域的经济发展，发挥着对长三角一体化发展的辐射和带动效应。

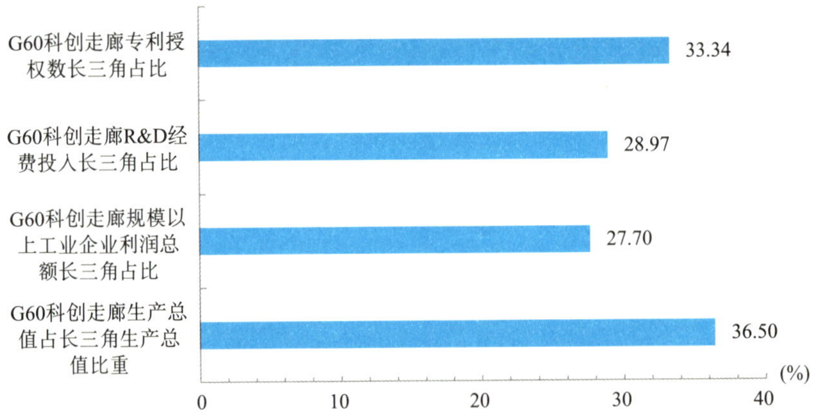

图 3－5　G60 科创走廊部分指标在长三角的占比

（三）长三角 G60 科创走廊高质量一体化发展总体分析

1. 分领域发展指数总体分析

图 3－6 展示了长三角 G60 科创走廊的经济发展、科技创新、要素流动、产业集群、绿色发展、市场开放、社会民生、辐射贡献和区域均衡指数的发展趋势。数据显示，除了逆指标区域均衡外，各分领域发展指数总体呈现上升趋势。其中，科技创新和要素流动指数呈现持续快速增长趋势，2019 年科技创新发展指数达到 146.70，要素流动指数达到 152.55；产业集群和辐射贡献也发展迅速，2019 年发展指数分别达到 133.29 和 132.82。需要说明的是，2019 年区域均衡指数下降至 91.40，根据逆指标的性质，说明区域间的差异呈现缩减趋势，G60 科创走廊一体化的趋势正在形成。以上指数变化说明，长三角 G60 科创走廊已初步形成以科技、产业、绿色、协同等为特征的高质量一体化发展态势，科技和产业的核心驱动力正在形成；但也要看到，绿色发展、市场开放等指数的增长趋势不稳定，存在较大波动性，需要重点关注。

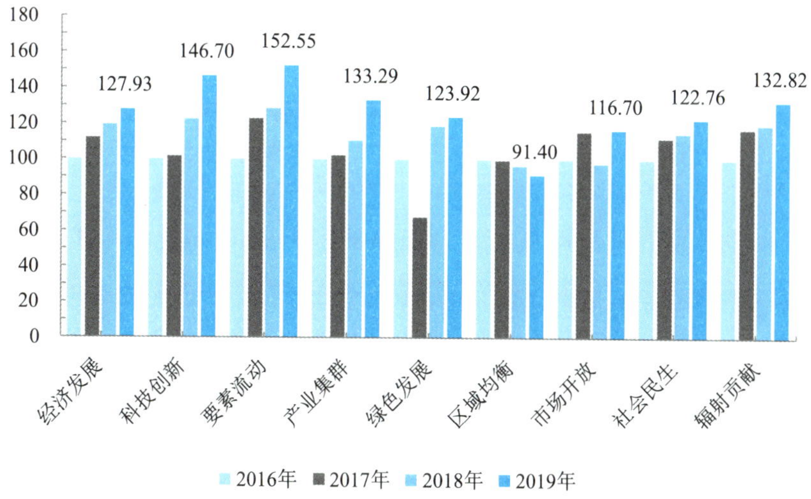

图 3－6　G60 科创走廊分领域发展指数

2. 九城市发展指数总体分析

长三角 G60 科创走廊的高质量一体化发展是九城市共同努力的结果。2016—2019 年，长三角 G60 科创走廊九城市在经济发展、科技创新、要素流动、产业集群、社会民生等方面取得了长足进步，是支撑长三角 G60 科创走廊高质量一体化发展指数递增的重要微观基础。本研究以九城市评分为基础，选择 2016 年九城市指数均值为基期，测算九城市的发展指数。根据图 3－7 所示，2016—2019 年，松江、嘉兴、杭州、金华、苏州、湖州、宣城、芜湖和合肥九城市发展指数，均呈现了逐年显著增长的发展趋势。

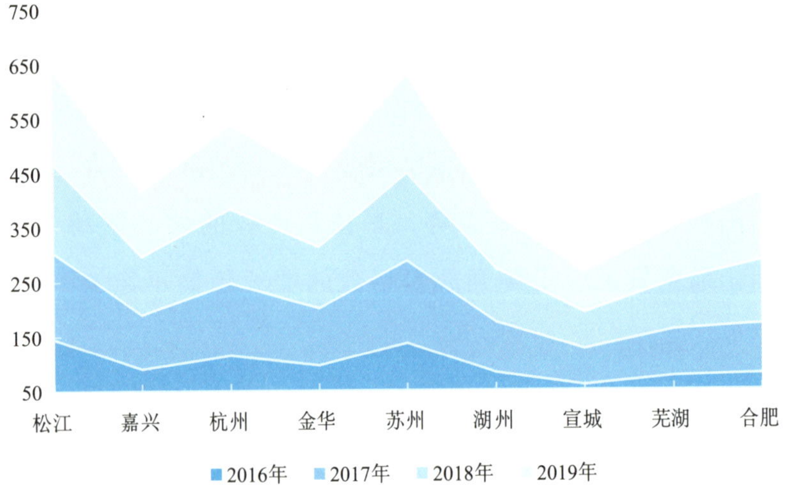

图 3－7　九城市发展指数对比

从各城市贡献度来分析，各城市对长三角 G60 科创走廊高质量一体化发展指数的贡献按照由大到小排序，依次为松江、苏州、杭州、金华、合肥、嘉兴、湖州、芜湖和宣城。根据 2016—2019 年长三角 G60 科创走廊九城市发展指数贡献度，把九城市分为 3 个梯队：第一梯队为松江、苏州和杭州，贡献度为 13%—16%；第二梯队为合肥、金华和嘉兴，贡献度为 10%—11%；第三梯队为芜湖、湖州和宣城，贡献度为 6%—9%。对比各城市贡献，上海松江作为长三角 G60 科创走廊的策源地，在长三角 G60 科创走廊高质量一体化发展指数中做出了显著贡献，成为驱动 G60 科创走廊高质量一体化发展的重要引擎之一。

（四）长三角 G60 科创走廊高质量一体化发展核心驱动因素分析

长三角 G60 科创走廊高质量一体化发展指数的高速增长，取决于科技和制度创新双轮驱动，以及产业集群的高水平布局等多方面因素。

1. 依托科技创新驱动，推进先进制造业产业集群高质量一体化发展

长三角 G60 科创走廊以产业链、创新链为纽带，聚焦人工智能、集成电路、生物医药等先进制造业产业集群，九城市各扬所长、优势互补，建立“1 + 7 + N”产业联盟体系，集聚头部企业、重点高校科研院所 1682 家，开展要素对接活动 300 余场，吸引超过 6000 家市场主体参加，签署 86 项区域一体化重大合作项目，总投资达 2192 亿元，共同打造长三角高端制造业主阵地。2020 年 11 月 8 日下午，“长三角 G60 科创走廊以一体化高质量发展促进国内国际双循环政策发布会”在第三届中国国际进口博览会期间举行，相继发布《关于支持长三角 G60 科创走廊以头部企业为引领推动产业链跨区域协同合作的实施意见》《推进上海西部五区科技和产业协同发展实现与长三角 G60 科创走廊联动发展的战略合作框架协议》等重要政策。政策推进多维度、跨领域的九城市一体化产业创新合作新模式，鼓励九城市内产业合作示范园区、产业联盟、科技成果转移转化示范基地等创新联合体发挥带动作用，依托上海证券交易所资本市场服务 G60 科创走廊基地和综合金融服务平台，最大化转移转化科技创新成果。为强化头部企业引领作用，长三角 G60 科创走廊通过认定扶持九城市内龙头骨干企业，健全市场主体“双循环”合作机制，不断提升长三角 G60 科创走廊产业链、供应链整体稳定性和竞争力，更好地承载进博会“6 + 365”溢出效应。

2. 结合产融结合新高地建设，推动金融服务以先进制造业为支撑的实体经济

长三角 G60 科创走廊抓住中国人民银行“支持以上海科创中心建设带动 G60 科创走廊发展，支持上海金融开放创新政策适用于 G60 科创走廊”

重大机遇，在第二届中国国际进口博览会期间，举办“金融支持长三角G60科创走廊先进制造业高质量发展政策发布会”。中国人民银行发布《金融支持长三角G60科创走廊先进制造业高质量发展综合服务方案》，从缓解融资难、融资贵，提升融资适配性和解决信息不对称4个方面，出台科技企业投贷联动、轻资产质押等15条金融政策。2019年，G60科创走廊与工商银行、农业银行、中国银行、建设银行、邮政储蓄银行、交通银行等12家商业银行签订合作协议，与7家投资公司签订产业基金战略合作协议，推动金融支持实体经济发展。“上证G60创新综合指数”和“上证G60战略新兴产业成份指数”正式上线，筹备发行ETF产品。精准对接科创板，上海证券交易所资本市场服务G60科创走廊基地正式运行，组织开展九城市产融对接活动，为科创型企业提供上市、融资融券、债权、股权、融资租赁等全牌照、全产业链、全要素金融服务。截至2020年11月12日，科创板受理G60科创走廊九城市企业95家，占全国19.87%，已上市企业41家，占全国20.60%。此外，九城市上线G60科创走廊综合金融服务平台，着力消除政府部门信息壁垒，完善企业信用评价；成立G60金融服务联盟，为九城市市场主体提供全方位金融服务。

3. 推动科创要素按市场配置要求自由流动，提升科技创新驱动发展水平

长三角G60科创走廊举办“2019两院院士走进G60科创走廊”系列活动，27位中国科学院、中国工程院院士发布最新科技成果，推动高端智力与先进制造业深度融合。同时，G60科创走廊召开首届长三角G60科创走廊科技成果拍卖会，对接九城市科技成果及技术需求1296项。聚合九城市产学研力量，实现12.57万台（套）科学仪器互通共享，并兑现跨区域财政地方补助，一年来跨省交互使用大型科学仪器超过1600台（次），享受创新券异地补贴近1000万元。与阿里巴巴集团、科众365公司联合打造“长三角G60科创云”全要素科技成果转化平台，做实“科技优优”、知识产权服务、创新资源共享等核心功能，高效促进产学研用一体化。九城市

深化“人才18条”，嘉兴市轮值举办第二届G60科创走廊人才峰会，发起成立长三角人才一体化发展联盟，签署《深化G60科创走廊九城市人才交流合作协议》。

4. 集中打造国际一流营商环境，加快制度创新先行先试

2019年3月，G60科创走廊被国务院办公厅确定为长三角地区政务服务“一网通办”试点区域，持续发挥先行先试作用，上海松江、安徽芜湖、安徽合肥等地共同发布《长三角G60科创走廊政务服务“一网通办”窗口管理规范》地方标准，实现九城市全域89个县级以上行政服务中心“一网通办”专窗全覆盖，累计为各类市场主体提供服务超过15万次，2019年线上线下异地办理证照超过3万张。松江代表上海接受世行测评，为中国营商环境全球排名再度提升15位、施工许可指标再度提升88位做出重要贡献。自首届中国国际进口博览会发布“协同扩大开放30条”措施至2019年12月，九城市新设立外商投资企业4723家，新增外资企业注册资本356亿美元，实际使用外资297亿美元；实现货物贸易进出口总额5741亿美元，其中高新技术产品进出口2314亿美元；服务贸易总额同比增长24.2%。参与“一带一路”相关建设项目1613个，开通中欧班列1133列，发运集装箱81863标箱（20尺标准集装箱），苏州线、义乌线、合肥线均跻身全国中欧班列运行“第一方阵”。九城市组团参加第二届中国国际进口博览会，精准承接进博会溢出效应，成立G60科创走廊进出口商品常年展示中心和G60跨境电商产业联盟。

（五）长三角G60科创走廊高质量一体化发展评价总结

综上所述，长三角G60科创走廊高质量一体化发展成效评价可以概括为：

第一，长三角G60科创走廊高质量一体化发展综合指数在2016—2019年，每年保持9%以上增速，形成了高质量一体化发展水平逐年提升的良好格局。

第二，长三角 G60 科创走廊在 GDP 同比增速、R&D 投入、居民人均支配收入等方面均远高于长三角区域和全国水平，发挥对长三角一体化发展的引擎作用。

第三，长三角 G60 科创走廊的经济发展、科技创新、要素流动、产业集群、绿色发展、市场开放、社会民生、辐射贡献和区域均衡指数总体呈现上升趋势，初步形成以科技、产业、绿色、协同等为特征的高质量一体化发展态势，科技和产业的核心驱动力作用明显。

第四，长三角 G60 科创走廊九城市呈现逐级、逐年增长的高质量一体化发展格局，上海松江策源地的引擎作用尤为显著，江苏苏州和浙江杭州增长发展强劲，安徽合肥等城市也呈现阶梯式高速发展趋势。

第五，长三角 G60 科创走廊高质量一体化发展成效驱动因素，包括先进制造业产业集群、金融服务体系助力产融结合、科创要素市场化自由流动及国际一流营商环境的政策协同等。

综合而言，长三角 G60 科创走廊自成立以来，紧扣“一体化”和“高质量”两个关键词，坚持科技和制度创新双轮驱动，成为长三角高质量一体化发展的重要引擎，取得良好的经济社会发展效益，对于推进长三角一体化发展国家战略发挥了重要作用。

二、分领域具体评价

（一）经济发展

党的十九届五中全会指出，我国已转向高质量发展阶段，高质量成为经济发展的基础性和关键性变量，因此，对经济发展的评价应建立在对其增长和质量内涵的准确把握之上。本研究从经济增长、结构优化和经济惠民 3 个方面，建立综合评价指标体系形成经济发展指数，以反映 G60 科创走廊九城市的经济发展状况。

1. 经济发展指数分析

G60 科创走廊自成立以来，始终坚定不移贯彻新发展理念，加速构建现代化经济体系，紧扣“一体化”和“高质量”两个关键词，全力打造长三角高质量发展的重要引擎。经济发展关键是需要转方式、调结构，推动产业结构由中低端向中高端迈进。在双循环发展背景下，长三角 G60 科创走廊用新供给引领新需求和新发展，着力打造世界级产业集群、着力打造科技创新策源地、着力打造产城融合典范、着力打造一流营商环境，推动长三角 G60 科创走廊成为中国创造的先进走廊、科技和制度创新双轮驱动的先试走廊、产城融合发展的先行走廊，为经济持续增长培育新动力、打造经济增长新引擎。

从经济发展角度来看，本研究以 2016 年为基期（基期指数为 100），测算 2016 年以来长三角 G60 科创走廊经济发展指数分别为 111.79、119.39 和 127.93。如图 3－8 所示，2016—2019 年长三角 G60 科创走廊经济发展总体处于稳步推进态势，年均提升 9.31%，经济发展水平不断提高，经济发展成效着实显著。

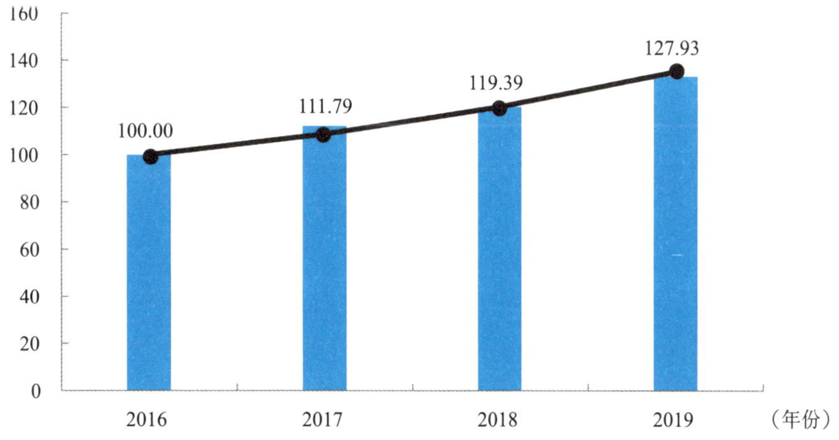

图 3－8　长三角 G60 科创走廊经济发展指数

分城市来看（见表 3－1），松江、嘉兴、杭州、金华、苏州、湖州、宣城、芜湖、合肥九城市在 2016—2019 年均表现亮眼，4 年来经济发展指数均呈上升趋势。其中，松江在 2016—2019 年经济发展指数分别为 167.32、176.96、180.30 和 186.78，连续 4 年均排名第 1，苏州和杭州紧追其后。松江作为长三角 G60 科创走廊的策源地，在经济高质量发展道路上大胆探索，转变发展方式、优化经济结构、转换增长动力，取得了显著成效。近年来，苏州和杭州经济提质增效速度加快，区域高质量一体化发展趋势明显。

值得一提的是，合肥自 2018 年加入长三角 G60 科创走廊以来，经济发展水平得到显著提升，2016 年和 2017 年合肥经济发展指数分别为 72.80 和 85.30，而 2018 年和 2019 年则提高到 113.37 和 117.64，反映了 G60 科创走廊发展不断扩容升级，科技创新、制度创新和资源配置等一体化发展所带来的辐射效应和带动作用愈加明显。

表 3－1　　G60 科创走廊九城市经济发展指数

城市	2016 年	2017 年	2018 年	2019 年
松江	167.32	176.96	180.30	186.78
嘉兴	90.57	99.64	106.07	113.85
杭州	120.60	141.82	144.45	156.93
金华	105.69	118.89	125.98	146.70
苏州	138.95	153.44	165.28	182.82
湖州	81.43	92.47	97.24	95.05
宣城	58.47	65.50	65.03	67.47
芜湖	64.17	72.10	76.74	84.13
合肥	72.80	85.30	113.37	117.64

2. 经济发展指数构成指标分析

在经济发展指数的构成指标中，经济增长、结构优化和经济惠民 3 个二级指标的贡献度有所不同，具体如图 3 – 9 所示。2016　2019 年，经济增长、结构优化和经济惠民 3 个二级指标对于 G60 科创走廊经济发展指数的贡献度差异不大。2016 年，经济增长、结构优化和经济惠民 3 个二级指标分别为 154. 92、121. 90 和 140. 81，其中 2016 年经济增长指标贡献度最大，2016—2019 年贡献占比依次为 37. 1%、33. 03%、32. 86% 和 34. 87%，对比可见变化不大，结构优化和经济惠民贡献占比呈现相似状况，说明这三部分对经济发展的贡献均衡。

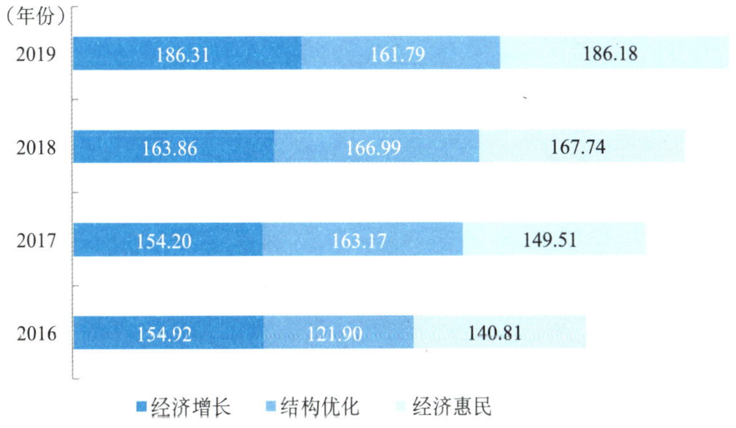

图 3 – 9　经济发展各维度贡献度

地区经济发展的最终目标是经济成果惠民，经济发展指数构成中的人均 GDP 和居民可支配收入可以反映人民群众收入水平的变化。从图 3 – 10 中可以看到，2016—2019 年，长三角 G60 科创走廊人均 GDP 和城镇居民可支配收入逐年增加，分别由 2016 年的 83514 元和 43262 元，增长至 2019 年的 109776 元和 54327 元，年平均增长率分别为 7. 86% 和 6. 39%。亮眼的数据充分展现了长三角 G60 科创走廊的高质量发展成效，说明经济发展显著改善了人民生活。

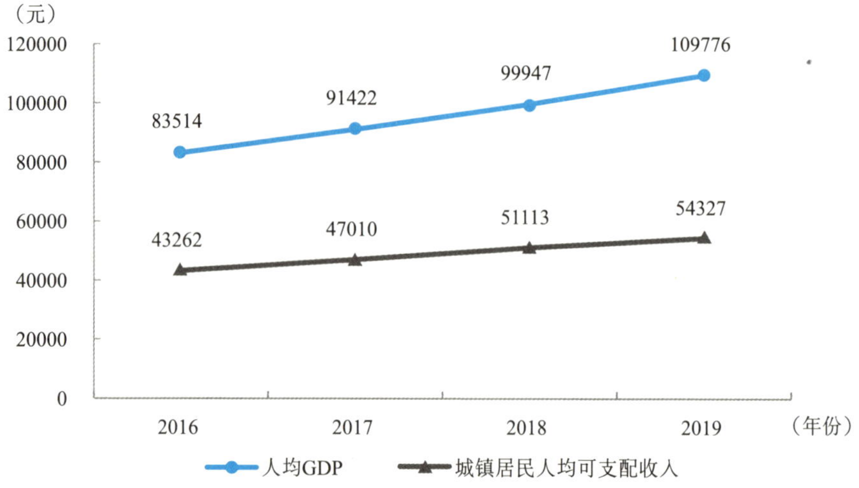

图 3－10 人均 GDP 和城镇居民可支配收入

3. 经济发展成效评价

2016—2019 年，长三角 G60 科创走廊在经济发展方面表现优异，质量和效益明显提升，具体表现为经济发展总体指数和分城指数均呈现逐年递增的态势。长三角 G60 科创走廊经济发展指数的构成指标中，经济增长、结构优化和经济惠民 3 个二级指标的贡献度相近，呈现高质量发展态势。

第一，体制与机制创新协同效应显著。长三角 G60 科创走廊由 1.0 版本进阶为 3.0 版本，是一个由基层行政区划单位的发展规划进阶成为不同行政区划地方的一体发展规划过程，是一种体制与机制的创新。在体制与机制建设方面，长三角 G60 科创走廊有关各方强化高端产业引领功能，加快产业协同创新中心建设；促进科技成果转移转化，推动工业互联网等重点领域智慧应用；深化落实金融支持政策，精准对接科创板；探索推进建设用地管理标准统一，落实长三角生态绿色一体化发展示范区首批制度创新经验复制推广。这一系列顶层设计为 G60 科创走廊更高质量一体化发展奠定了良好基础。2019 年的“成绩单”显示，长三角 G60 科创走廊九城市 GDP 总量约 10.04 万亿元；规模以上工业企业利润总额约为5101亿元，占长三角一市三省GDP比重约为27.7%。在构建开放型经济方面，长三角G60科创走廊九城市于2019年11月推出了“协同扩大开放30条”，参与“一带一路”建设项目1613个，开通中欧班列1133列；主动承接进博会溢出效应，长三角G60科创走廊九城市常态化联合组团参加进博会，在第二届中国国际进口博览会上，九城市企业依托采购商联盟进行联合采购，意向采购总额达449.8亿元。这些不俗的成绩背后无一不体现了政策、体制和机制的创新协同。

第二，产业链、创新链和价值链深度融合。长三角形成一体化的产业支撑，关键在于产业链、创新链和价值链三链融合发展。作为长三角一体化发展的先行先试走廊，长三角G60科创走廊已经成为突破口之一。长三角G60科创走廊九城市以产业链、创新链和价值链为纽带，聚焦先进制造业产业集群，各扬所长，优势互补，促进一体化发展。目前，G60科创走廊已构建13个产业联盟和11个产业合作示范园区，发布《长三角G60科创走廊产业集群高质量一体化发展行动纲要》，出台一系列相关政策及管理办法，如《长三角G60科创走廊产业联盟高质量发展指导意见》《长三角G60科创走廊产业合作示范园区协同发展指导意见》等。2020年以来，长三角G60科创走廊围绕产业链布局创新链，推动与中科院上海分院、上海科学院合作，统筹布局和推进建设一批重大科技创新项目和功能型平台；发挥头部企业引领带动效应，牵头制定了《支持长三角G60科创走廊产业高质量一体化发展推动产业链跨区域协同合作的实施意见》，促进九城市产业链大循环。一系列的政策举措取得了显著的成效，2020年6月，中国商飞·长三角G60科创走廊产业链合作大会在上海松江召开，以长三角G60科创走廊为载体共建大飞机产业链；同年9月，在长三角G60联席办和金华市的共同努力下，长三角G60科创走廊首个产业协同创新中心——金华（上海）科创中心，在上海临港松江科技城正式启用，标志着G60科创走廊产业链融合发展迈出新的步伐。

综合而言，从长三角 G60 科创走廊 3.0 版建设以来，九城市发挥创新要素自由流动、跨区域合作的平台作用，区域创新共同体雏形初现，发展重要动力源作用显现。“十四五”时期，长三角 G60 科创走廊可以继续发挥九城市协同作用，打造长三角区域“小循环”的增长极，充分利用制度优势、产业优势和创新优势，应对错综复杂的国际环境带来的新矛盾、新挑战，增强机遇意识和风险意识，保持战略定力，促进经济结构更加优化，实现经济持续健康发展。

（二）科技创新

2020 年 10 月 16 日，习近平总书记在中央政治局第二十四次集体学习时强调，当今世界正经历百年未有之大变局，科技创新是其中一个关键变量。长三角 G60 科创走廊致力于打造科创驱动“中国制造”迈向“中国创造”的示范走廊，随着长三角 G60 科创走廊建设由 1.0 版发展到 3.0 版，长三角 G60 科创走廊从秉持新发展理念的基层生动实践，上升为长三角一体化发展国家战略的重要平台，九城市在科技创新方面取得了显著的成效，截至 2020 年 12 月，九城市科创版上市公司数量占全国五分之一以上。为充分反映长三角 G60 科创走廊科技创新的发展情况，本研究分别从科技创新投入、科技创新产出和科技创新效益 3 个方面构建科技创新指数。

1. 科技创新指数分析

从科技创新指数来看，长三角 G60 科创走廊科技创新发展势头强劲。科技创新指数由 2016 年的 100（基期值）上升到 2017 年的 101.34、2018 年的 122.57 和 2019 年的 146.70（见图 3－11），指数逐年递增并在 2018 年实现大幅度跨越，科技创新驱动效果显著，科创集聚和空间溢出效应不断强化，推动长三角更高质量一体化发展。

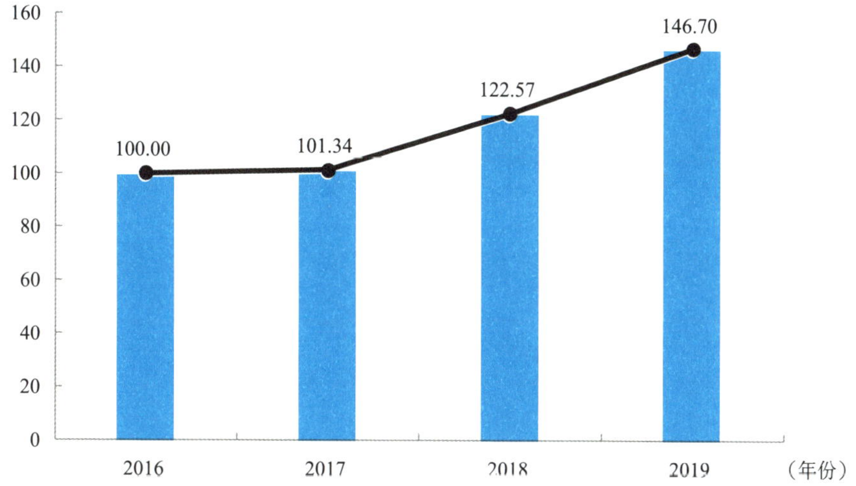

图 3－11　G60 科创走廊科技创新指数

分城市来看（见表 3－2），2016—2019 年，松江、嘉兴、杭州、金华、苏州、湖州、宣城、芜湖、合肥九城市在科技创新方面均进步明显，科技创新指数均呈增长态势（见图 3－12）。其中，苏州科技创新表现最为突出，2016—2019 年 4 年间科技创新指数分别为 152.60、153.27、178.98 和 216.41，均位列各城第 1，年平均增长率为 12.7%。松江排名第 2，2016—2019 年 4 年间科技创新指数分别为 127.18、134.64、155.44 和 186.48，年平均增长率为 13.76%，增长速度也较为明显。杭州、嘉兴、芜湖和合肥在科技创新方面的表现也十分亮眼，4 个城市科技创新指数均在 2018 年表现出跨越式增长，较 2017 年增幅分别为 16.45%、27.98%、16.82% 和 31.14%。

表 3－2　G60 科创走廊科技创新指数

城市	2016 年	2017 年	2018 年	2019 年
松江	127.18	134.64	155.44	186.48
嘉兴	96.41	94.12	120.46	154.18
杭州	112.54	114.25	133.05	161.29
金华	87.90	74.29	92.34	110.97

续表

城市	2016 年	2017 年	2018 年	2019 年
苏州	152.60	153.27	178.98	216.41
湖州	75.86	80.01	95.81	108.84
宣城	43.35	44.81	59.22	76.46
芜湖	108.67	113.90	133.06	153.97
合肥	95.48	102.77	134.77	151.71

图 3－12　长三角 G60 科创走廊科技创新指数

2. 科技创新指数构成指标分析

在科技创新指数的指标构成中，科技创新投入、科技创新产出和科技创新效益 3 个二级指标的贡献度有所不同。

科技创新投入方面，2016—2019 年九城市 R&D 经费投入强度均值和 R&D 人员投入力度均值呈上升趋势，前者从 2016 年的 2.78 上升到 2019 年的 3.05，后者从 2016 年的 132.40 上升至 2019 年的 167.35，4 年的增幅分别达到 9.71% 和 26.39%（见图 3－13）。雄厚的产学研实力也是长三角 G60 科创走廊的重要支撑，科创走廊重点发展的高科技产业需要高校、企业、研究机构、科创平台等多个创新主体共同努力，实现创新成果到生产应用的转化，加强创新主体间的互动与合作联系，形成创新过程的良性循环。长三角 G60 科创走廊区域内共有 170 余所高校和众多研究院所，拥有国家级产业园区 42 个，包括张江高科技园区、苏州工业园区、杭州国家自主创新示范区、合肥综合性国家科学中心、合芜蚌国家自主创新示范区等全国知名的科技园区。

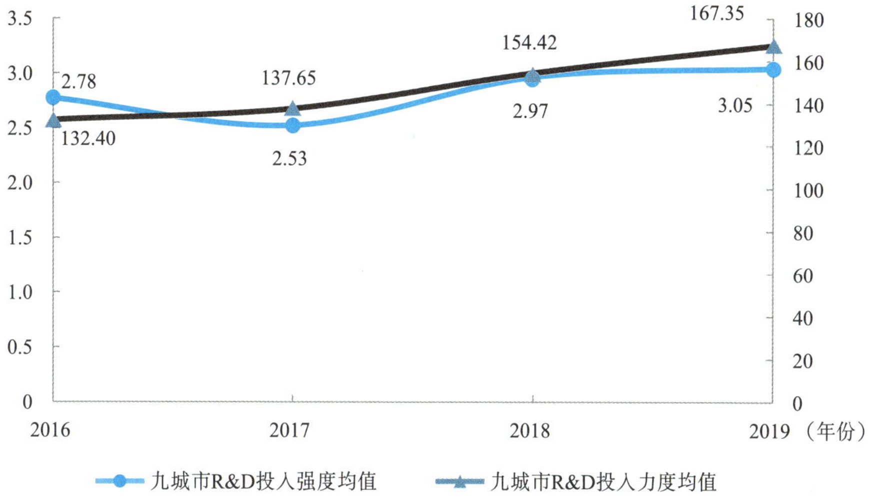

图 3－13　长三角 G60 科创走廊科技创新投入情况

科技创新产出方面，每万人有效发明专利数和技术合同成交额占比是两个重要指标，图 3－14 显示这两个指标的变化趋势基本一致，均表现出持续递增态势。其中，长三角 G60 科创走廊每万人有效发明专利数均值从 2016 年的 20. 80 件，增长至 2017 年的 25. 29 件、2018 年的 30. 90 件和 2019 年的 36. 21 件；技术合同成交额占比从 2016 年的 1. 39%，增长至 2017 年的 1. 55%、2018 年的 2. 02% 和 2019 年的 3. 02%。从专利申请与授权情况看，2019 年，长三角 G60 科创走廊专利申请数排名前三位的地区为上海松江、江苏苏州、浙江杭州，三地国内专利受理数分别为 173600 件、162984 件和 113562 件，国内专利授权数分别为 100600 件、81145 件和 61568 件；长三角 G60 科创走廊九城市每万人拥有的专利数最高的三地为江苏苏州、浙江湖州和上海松江，分别为 75 件、61 件和 41 件。

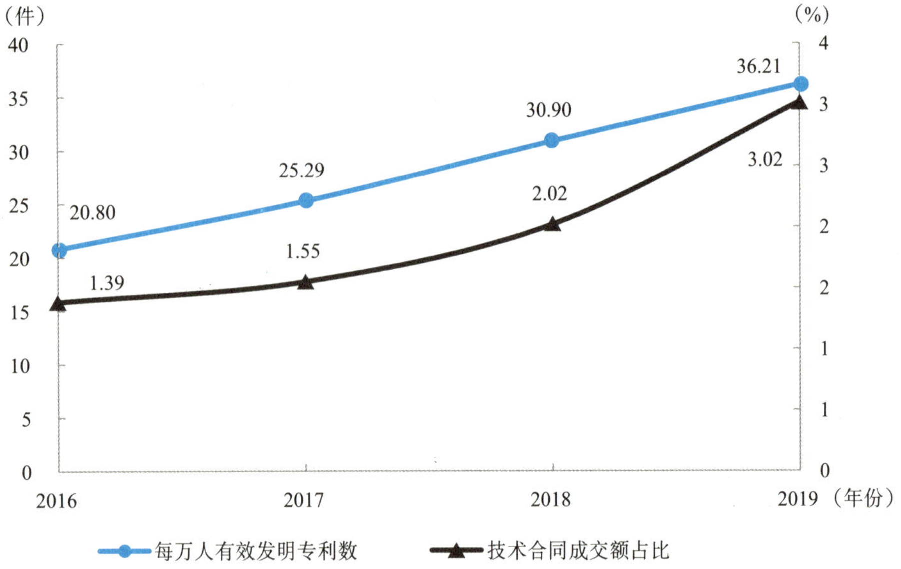

图 3－14　长三角 G60 科创走廊科技创新产出情况

科技创新效益方面，从图 3－15 中可以看到，2016—2019 年，G60 科创走廊科技创新效益呈递增趋势，2016 年和 2017 年相对平缓上升，但到 2018 年出现大幅度跨越式增长。2016—2019 年，长三角 G60 科创走廊实施的科技创新推动政策和科技创新重大项目成效显著，科技创新带来经济上的产出和效益，充分体现了 G60 科创走廊的科技创新驱动产业转型发展和经济结构升级的积极成效。

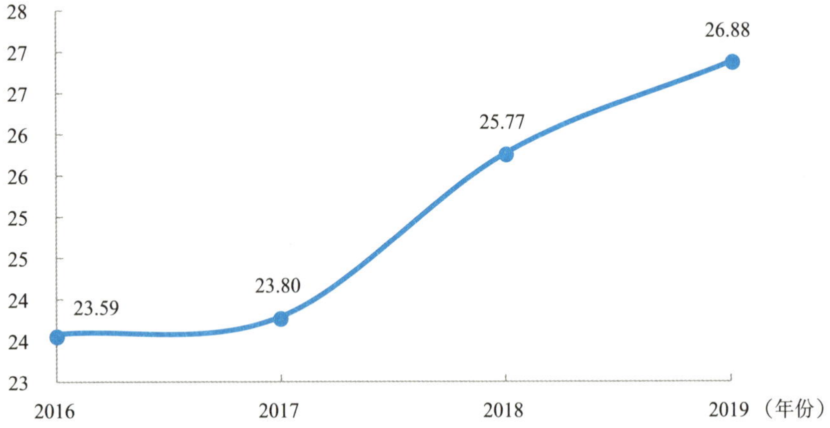

图 3－15　长三角 G60 科创走廊科技创新效益情况

3. 科技创新成效评价

2016—2019 年，长三角 G60 科创走廊在科技创新方面成效显著，科技创新指数逐年上升，科技创新投入、科技创新产出和科技创新效益逐年递增，G60 科创走廊的创新效应和影响力日益突出，反映了 G60 科创走廊整合科技创新资源，加速科技成果转化，共建技术创新链和区域协同创新体系，以科创驱动先进制造业产业集群高质量一体化发展。

第一，科技创新产出成果丰硕。G60 科创走廊紧抓科技创新关键变量，加大 R&D 研发投入，通过丰硕的科技创新成果驱动“中国制造”迈向“中国创造”。长三角 G60 科创走廊每万人有效发明专利数均值从 2016 年的 20.80 件，增长至 2019 年的 36.21 件；技术合同成交额占比从 2016 年的 1.39%，增长至 2019 年的 3.02%。从最近的 2020 年上半年统计数据看，长三角 G60 科创走廊九城市获得专利授权数为 4055 件，增长 70.7%，其中发明专利授权数为 978 件，同比增长 88.9%。以松江科创基地建设为例，松江签约了在体细胞克隆猴技术上取得重大突破的中科院神经科学研究所，建立 G60 脑智科创基地，赛迪研究院、国能汽车技术开发公司、分析技术研究院、低碳技术研究院等 6 个研究院落地，新增市级院士专家工作站占全市三分之一，高新技术企业和科技型中小企业达到 1076 个。长三角 G60 科创走廊精准对接科创板，在全国科创板受理企业和已上市企业中，九城市企业占比长期保持在五分之一左右。

第二，科创人才集聚效应增强。长三角 G60 科创走廊是创新创业人才富集、资源汇集、活动密集、成果云集的优势区域，以一体化发展的思路和举措打破行政壁垒，初步形成了“九城一张网”的人才工作新格局，提升了长三角城市群参与全球高端人才资源配置的整体竞争力。2020 年 10 月 29 日，在第三届长三角 G60 科创走廊人才峰会上，九城市共同签订了人才联合培训合作协议、技能人才合作共建协议、人力资源产业园联盟章程等一系列人才合作协议。截至 2020 年 9 月，九城市已集聚国家级人才超 1000

人，院士专家工作站547个，博士后工作站771个，高校176所。为共享智力资源，长三角G60科创走廊还建立了九城市人才专家库，为各地项目评审、技术攻关、行业发展提供高端智力资源；组建了城市联盟人才培训资源库，构建共建共享共用的长效机制。

第三，区域间科技合作紧密。长三角G60科创走廊聚合九城市产学研力量，建立国家级科技企业孵化器联盟，共建一批国家级和省市级“双创”示范基地、产教融合实训基地、人才资源服务园，持续提升“双创”质量。九城市凝心聚力、共聚力量，合力争取国家重大科研任务和重大科学装置落户长三角地区，以更大力度服务“卡脖子”领域联合攻关。此外，长三角G60科创走廊九城市还实现科学仪器互通共享，并兑现跨区域财政地方补助，参与构建国家战略性新兴产业知识产权和质量标准体系，举办第三届长三角G60科创走廊质量标准论坛，推动质量标准新高地建设。

综合而言，长三角G60科创走廊通过集聚创新人才、整合创新资源，促进高校、科研机构与企业等创新主体实施高密度和高水平协同创新，同时，科创板的设立、跨行政区域“一网通办”“科创云”平台上线等一系列创新支持举措初见成效，具有原创性和自主可控性的重大科创成果持续涌现，不断实现“卡脖子”领域新突破，推动长三角G60科创走廊建设进入快车道，成为一条链接区域协同发展、先行先试的“黄金走廊”。

（三）要素流动

2020年4月9日，《中共中央、国务院关于构建更加完善的要素市场化配置体制机制的意见》明确了完善要素市场化配置的具体措施，市场化竞争方式就是要把要素视作“商品”，在市场中充分流动、自由竞价，最终流向可以产生最大价值的地方。长三角G60科创走廊依托G60高速和沪苏湖合高铁，以交通网络为基础，打破行政区划限制，推动人才、技术和资金要素自由流动、自由组合，共建共享区域创新体系，通过要素对接、集聚和辐射，成为服务长三角科创驱动实体经济发展和科创要素流动的重要平台。

1. 要素流动指数分析

本研究中，要素流动指数测量和评价各要素资源在区域间的流动性及互通共享情况，包括劳动力配置效率、资本配置效率、技术要素流动强度、金融配置效率、直接融资额占长三角比重等方面的二级指标，以上指标均为正指标，对评价 G60 科创走廊九城市要素流动情况具有正向作用。随着长三角 G60 科创走廊协同创新深化发展，以 2016 年为基期（要素流动指数为 100），要素流动指数呈逐年大幅度上升态势。2019 年，长三角 G60 科创走廊要素流动指数为 152.55，与 2018 年相比增长 18.65%，与 2017 年相比增长 24.39%，与 2016 年相比增长 52.55%（见图 3－16）。

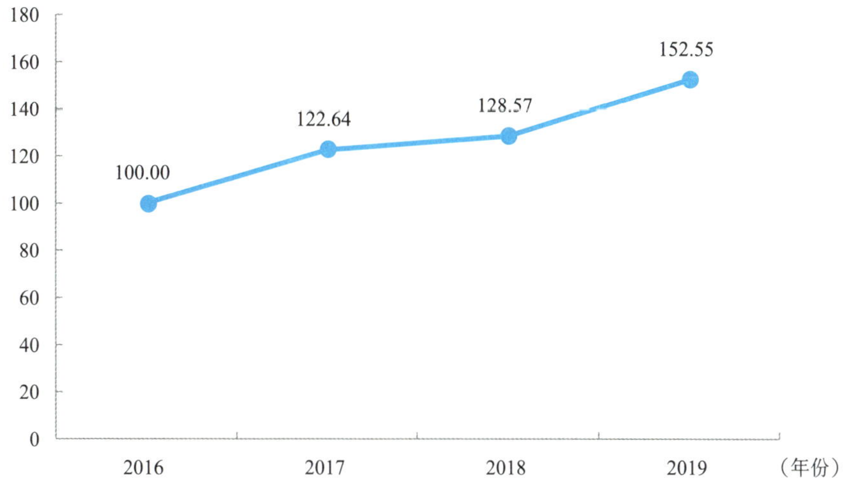

图 3－16　要素流动总体指数变化趋势

分城市来看（见图 3－17），对比长三角 G60 科创走廊九城市要素流动指数变动趋势发现，2019 年，苏州（247.62）、杭州（217.05）、合肥（177.06）和松江（172.40）的要素流动指数表现相对突出。2019 年与 2016 年相比，宣城、松江、合肥、嘉兴的要素流动指数增长势头强劲，增长率依次为 69.07%、68.81%、64.18% 和 57.80%；与 2018 年相比，松江、宣城要素流动发展较快，增长率分别为 30.34% 和 26.97%。对比

2016—2019 年长三角 G60 科创走廊九城市要素流动指数情况发现，九城市要素流动指数均逐年上升，与总体指数变化趋势完全相符。2016—2019 年，九城市要素流动指数基本保持稳定，平均指数最高的城市为苏州（217.62），其次为杭州（172.32）、松江（140.49）、合肥（122.30），具体见图 3－18。由此可见，苏州、杭州和松江在长三角 G60 科创走廊要素流动发展指数中贡献相对较大。

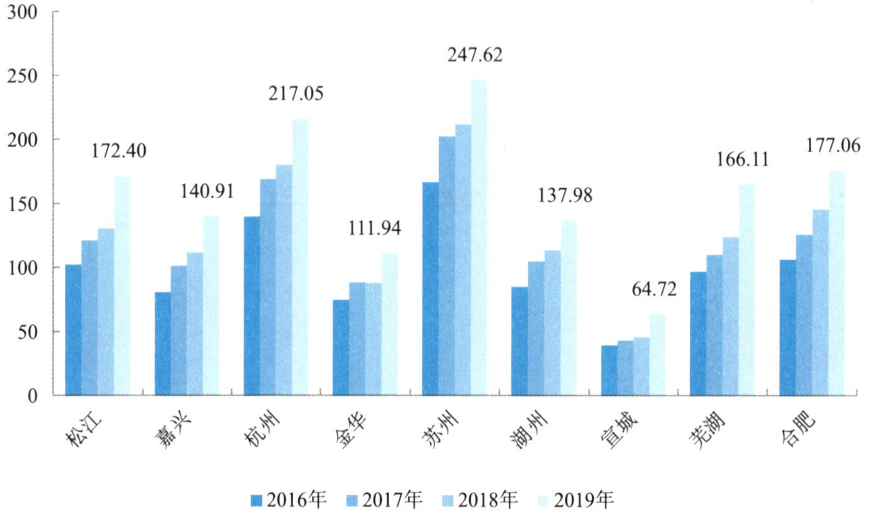

图 3－17　要素流动总体指数对比

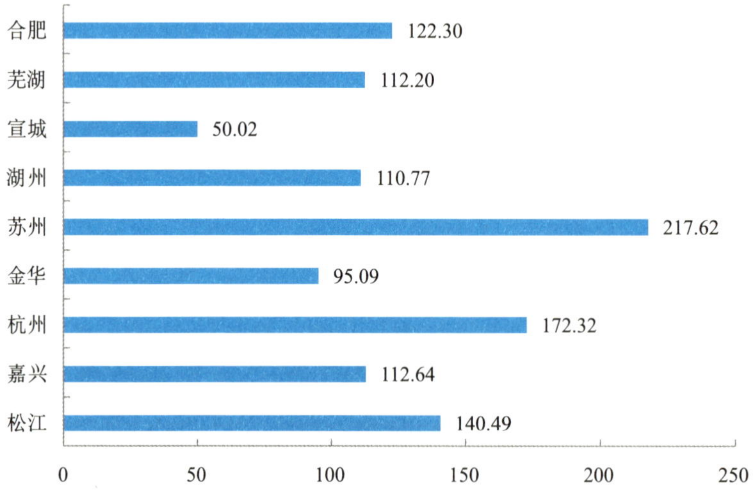

图 3－18　九城市要素流动指数平均值

2. 要素流动指数构成指标分析

要素流动指数的构成指标中，劳动力配置效率、资本配置效率、技术要素流动强度是重要指标，变化趋势如图 3－19 所示。2016　2019 年，长三角 G60 科创走廊的劳动力配置效率（用 GDP 与从业人员数的比值表示）逐年上升，从 2016 年的 16.48 万元/人稳步增长至 2019 年的 21.62 万元/人。年均增长率整体较高，2017 年与 2016 年相比增长 9.00%；2018 年增长率略有下降，与 2017 年相比增长 8.06%；但是，2019 年与 2018 年相比，增长率迅速回升，实现 11.33% 的增长幅度。资本配置效率增长速度也较快，从 2016 年的 2.11 增长至 2019 年的 2.47，实现年均 4.24% 的增长率。值得注意的是，资本配置效率增长率在 2019 年略有减缓。近年来，技术要素流动强度（用技术合同成交额与从业人员数的比值表示）实现较快增长，2016 年为 1300.53 元/人，到 2019 年增长至 4145.05 元/人，且增长率逐年增加，2017—2019 年依次实现 36.04%、46.92% 和 59.47% 的高速增长。可见，技术要素流动强度的较快增长，是长三角 G60 科创走廊要素流动推动经济高质量发展作用的重要因素。

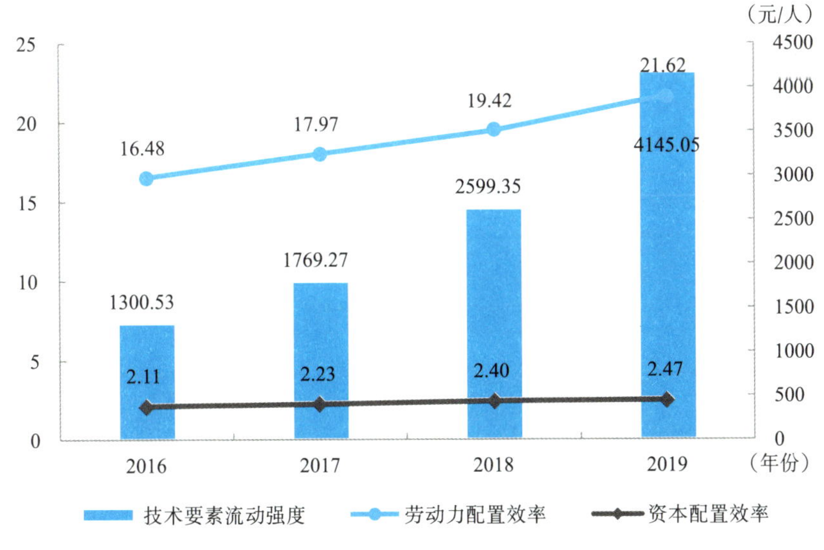

图 3－19　要素流动指数主要构成指标

3. 要素流动成效评价

2016—2019 年，长三角 G60 科创走廊要素流动指数逐年增长，且近年增长速度显著提高，突显体制机制创新带来的要素自由流动成效。就分城表现而言，江苏苏州、浙江杭州、上海松江要素流动成效显著；安徽宣城、上海松江、安徽合肥、浙江嘉兴的增长势头强劲。劳动力配置效率、资本配置效率和技术要素流动强度对 G60 科创走廊要素流动总指数的贡献作用稳步提升。长三角 G60 科创走廊一体化的制度环境和政务服务环境，促进了商品、资金、劳务、人才等各类要素资源在区域内顺畅流动和优化配置，充分释放区域协同的积极效应。

第一，技术要素流动成果显著，赋能产业升级。G60 科创走廊九城市通过促进技术要素流动，推动区域技术协同创新，赋能 G60 科创走廊区域产业创新和升级。2020 年 5 月 11 日，第二届长三角 G60 科创走廊科技成果线上拍卖会，在国家知识产权国际运营（上海）平台举行，共计 30 个科技成果项目通过一次成交、多轮竞价方式完成交易。新冠肺炎疫情期间，科创要素成交额大幅攀升，不仅意味着 G60 科创走廊科技成果拍卖会已成为推进长三角 G60 科创走廊上下游产业协同、要素对接的一种长效机制；同时，也标志着长三角 G60 科创走廊依托产业联盟、示范园区，推动产学研一体化、产业赋能升级的影响力迈上了新的台阶。

第二，人才交流合作机制完善，构建长效共享机制。G60 科创走廊九城市积极承接区域内和区域外高层次人才的流入流出，实现人才的跨区域互认，打破人才流动及分工的制度性障碍，深化人才发展体制机制改革，积极探索构建人才共享机制。除了参与长三角人才一体化发展城市联盟，联合推出长三角人才驿站、人才绿卡、人才联评和人才培训 4 个试点合作项目以外，长三角 G60 科创走廊还建立了九城市人才专家库，分领域开展产学研合作、项目评审、前沿科技论坛，为各地项目评审、技术攻关、行业发展提供高端智力资源。九城市共同签署了《深化 G60 科创走廊九城市人才交流合作协议》，组建了城市联盟人才培训资源库，公布首批 80 余项共享资源名录，构建共建共享共用的长效机制，形成“九城一张网”的人才工作新格局，提升长三角城市群参与全球高端人才资源配置的整体竞争力。

第三，资金要素流动速度加快，服务实体经济。长三角 G60 科创走廊九城市以制度创新为抓手，加快资金要素流动，从缓解融资难、融资贵、不适配、不对称等多个层面有针对性地解决金融创新服务实体经济的问题。2020 年新冠肺炎疫情期间，G60 科创走廊联席办依托综合金融服务平台，上线百款专项产品，举办云直播 72 场，吸引 65 万人次在线参与，累计为九城市企业授信贷款 330 亿元，为企业复工复产送雪中炭、解燃眉急。围绕资金链支持实体经济发展，长三角 G60 科创走廊联合中国人民银行上海总部签约 13 家银行，九城市金融部门和骨干企业落实“金融 15 + 1 条”联动推进机制，通过季度通报倒逼金融机构加快政策推进落实。做实上交所资本市场服务 G60 基地和 G60 综合金融服务平台，建立拟上市科创板企业“诊断 + 培育”工作机制，以“科创属性 + 信用数据”为重要辅助信息，加速科创企业上市。

综合而言，长三角 G60 科创走廊着眼于区域一体化发展和要素自由流动、高效配置，建立健全协调互通机制，打造面向长三角的服务科创、服务产业融合与创新融合的区域性综合服务平台，同时加快形成互联式、一体化交通体系，加强信息互联互通、促进区域信息资源共享。通过各方共同努力，G60 科创走廊建设逐步成为科创要素自由流动、科创成果竞相迸发、科创产业蓬勃发展的长三角重要的科创产业集聚引领区和策源地。

（四）产业集群

产业集群是在特定区域中具有竞争合作关系，并且在地理上集中、有交互关联性的企业、专业化供应商、服务供应商、金融机构、相关产业的厂商及其他相关机构等组成的群体。产业与城市从来都密不可分，产业发展可带动城镇化建设，深度城镇化又能为产业发展提供有力支撑。长三角

G60 科创走廊九城市的经济特色鲜明，具有一定的互补性，发挥各先进制造业城市的比较优势，探索突破长三角产业在全球价值链低端的锁定困境，构建新型高端的价值链体系。

1. 产业集群指数分析

随着长三角 G60 科创走廊建设的持续推进，G60 高速和沪苏湖合高铁沿线城市的产业分工协作不断加强，形成了互利共赢的良好局面。长三角 G60 科创走廊产业集群指数呈现逐年上升趋势，2017 年的产业集群指数相比 2016 年略有上扬，2018 年和 2019 年指数上升速度逐年攀升，2018 年同比增长 8.60%，2019 年同比增长 20.36%（见图 3－20）。随着 2018—2019 年区域产业联盟和产业示范区陆续建立，产业集群效应表现突出，产业集群指数有较大提升。我国经济已由高速增长阶段转向高质量发展阶段，经济增长不仅依靠规模扩张和要素驱动，对服务质量、技术水平和产品附加值等也提出更高要求。长三角 G60 科创走廊作为长三角区域一体化先行先试的排头兵，对发挥产业集群效应、促进先进制造业发展具有重要意义。

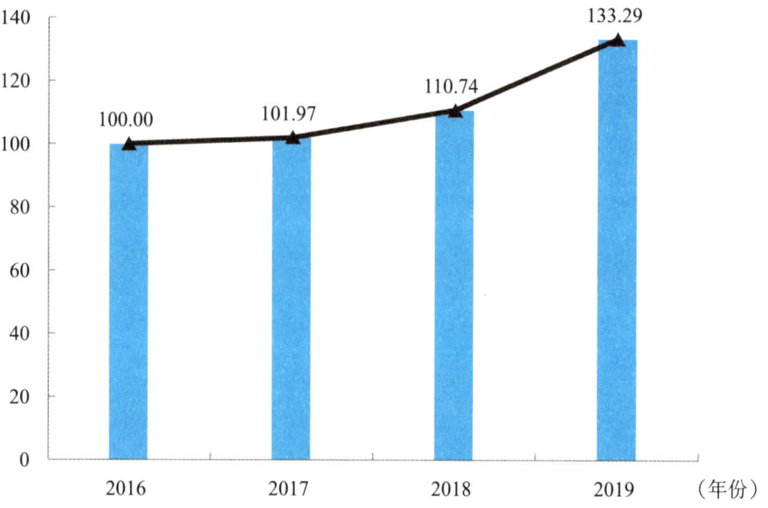

图 3－20　长三角 G60 科创走廊产业集群指数变化趋势

分城市来看（见图 3－21），2016—2019 年，长三角 G60 科创走廊九城市的产业集群指数均呈现上升趋势，且 2019 年指数均显著上升。由此可见，随着相关产业、金融政策相继出台，长三角 G60 科创走廊九城市产业集群效应逐渐增大，促进区域先进制造业发展。从 2016—2019 年指数均值看（见图 3 - 22），松江、苏州、杭州、合肥的产业集群数值较高，这些城市把握区位优势和发展态势，抓住科技创新的新机遇，聚焦重点产业，在加快建设规模体量大、成长性高、引领性强的战略性新兴产业集群、先进制造业产业集群发展方面，成效显著，在九城市之中处于引领地位。

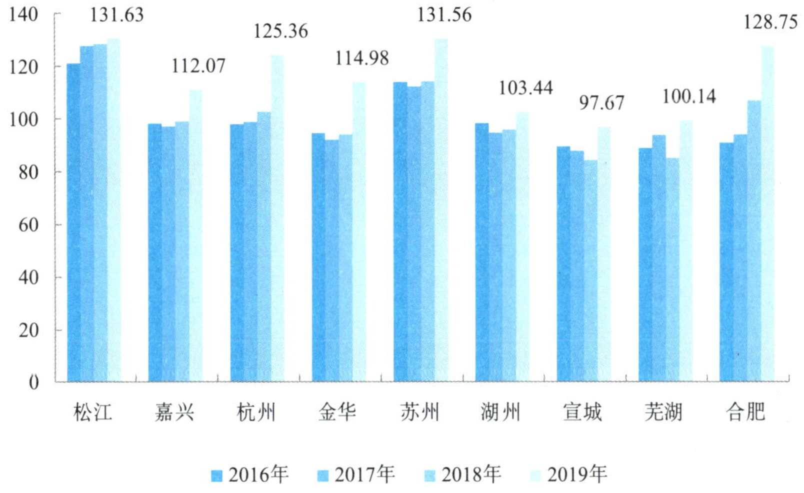

图 3 - 21　长三角 G60 科创走廊各城市产业集群总体指数对比

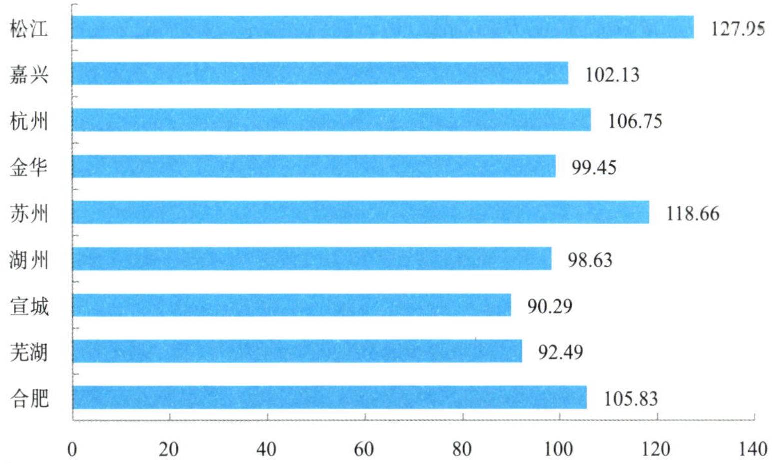

图 3 - 22　长三角 G60 科创走廊九城市产业集群指数均值对比（2016—2019 年）

2. 产业集群指数构成指标分析

产业集群指数的构成指标中，高新技术产业集中度和产业联盟指标是重要指标，本研究还采用学术界公认方法计算克格曼指数来测度产业集协同情况。

高新技术产业集中度是以高新技术企业数与常住人口的比值来表示，G60 科创走廊高新技术产业集中度呈现连年增长趋势，从 2016 年的 2.21 增长到 2019 年的 4.12（见图 3－23），表明长三角 G60 科创走廊历经 4 年发展，通过不断加大高科技产业投入，加强九城市优势互补、协同创新，提升区域产业集群的全球竞争力，吸引国内外投资，逐步形成人才跟着产业走的良好态势，高新技术产业集群效应显著，种种高科技产品全面展示了 G60 科创走廊全力打造科创驱动“中国制造”迈向“中国创造”。

长三角 G60 科创走廊产业联盟指标增速明显，G60 科创走廊于 2018 年成立第一家产业联盟，截至目前已成立 13 家产业联盟，发展速度迅猛，体现出九城市协同发展的强大驱动力。例如，长三角 G60 科创走廊人工智能产业联盟，作为全球下一轮科技革命与产业革命的关键领域，人工智能技术的发展将成为世界经济发展的新引擎，对整个世界的经济发展具有重大意义，G60 科创走廊先行先试，引领长三角区域人工智能产业加速发展。

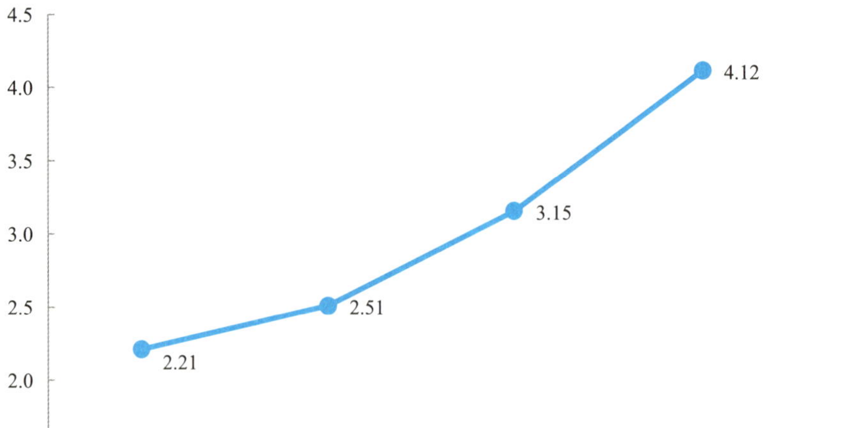

图 3－23　九城市高新技术产业集中度分析

2016—2019 年，长三角 G60 科创走廊九城市产业集群协同指数——克格曼指数呈现增长趋势，2017 年九城市克格曼指数相比 2016 年上涨明显，2018 年基本处于持平状态，2019 年显著提升（见图 3－24），表明长三角 G60 科创走廊九城市产业集群协同效应逐步显现，对经济发展的助推作用明显，也从侧面反映了 G60 科创走廊启动建设以来九城市产业协调发展的重大成果。

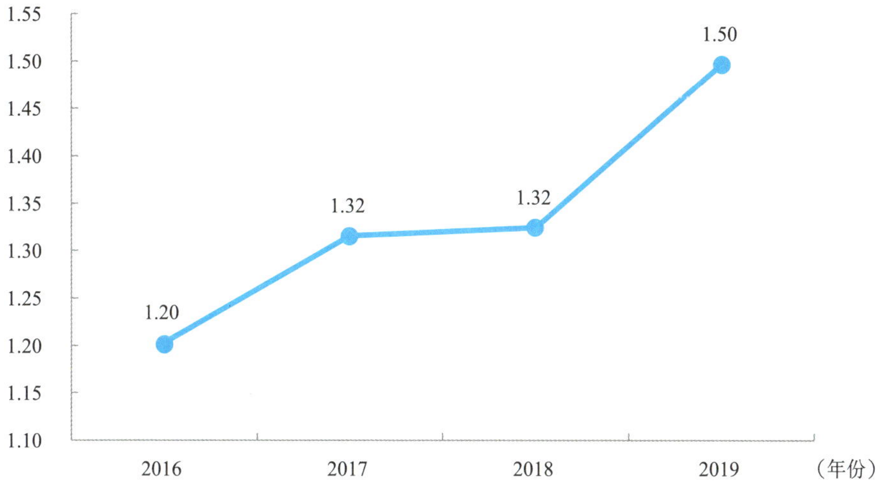

图 3－24　九城市产业集群协同指数——克格曼指数分析

3. 产业集群成效评价

2016—2019 年，长三角 G60 科创走廊在产业集群方面成效显著，产业集群指数逐年增加，区域产业联盟和产业示范区数量不断增长，高科技产业集群的指数逐年增高，可见高科技产业发展效应明显，影响范围越来越宽。G60 科创走廊着眼科创驱动“中国制造”迈向“中国创造”，推进先进制造业产业集群高质量一体化发展，提高产业链、供应链稳定性和现代化水平，促进实体经济发展，参与全球竞争。

第一，产业联盟助推产业集群发展。长三角 G60 科创走廊以九城市优质产业园区合作为切入口，以成长型、专业化产业园区为聚焦点，在安徽合肥、上海松江、江苏苏州、浙江金华、安徽宣城、浙江湖州、安徽芜湖等地挂牌成立13个产业联盟和11个产业合作示范园区，通过联盟和园区各方共同努力，成为长三角G60科创走廊九城市开展产业合作的重要平台支撑，不断推动九城市产业协同创新和一体化发展，产业集群正向效应明显。从产业联盟来看，已先后成立新材料（浙江金华）、机器人（安徽芜湖）、智能驾驶（江苏苏州）、新能源（安徽宣城）、新能源和网联汽车（安徽合肥）、人工智能（上海松江）、生物医药（浙江杭州）、集成电路（江苏苏州）、智能装备（浙江湖州）、智能安防（上海松江）、通航产业（安徽芜湖）、跨境电商（浙江杭州）等产业联盟，瞄准关键技术研发、设施设备共享、政策资源互通、产业标准制定共同发力，推动产业链能级提升。2019年，九城市开展要素对接活动300余场，吸引超过6000家市场主体参加，签署86项区域一体化重大合作项目，总投资达2192亿元，共同打造长三角高端制造业主阵地。例如，依托苏州工业园区成立产业园区联盟，九城市战略性新兴产业从“点对点”到“片连片”，进一步形成集聚效应。

第二，区域产业覆盖范围广泛。长三角G60科创走廊九城市的产业分布范围宽泛，覆盖高技术行业和战略新兴产业，包括智能装备、集成电路、通航产业、新能源、物联网、生物医药、新材料、环境产业、医疗器械等，九城市均布局了新能源、新能源汽车、集成电路和生物医药产业，各城市优势产业具有较高的竞争力；同时，集聚了一批知名工业互联网平台龙头企业，广泛赋能一、二、三产业。G60科创走廊强化对产业联盟和合作示范园区的指导评价，促进要素实质性对接，促进了跨省市产业协同创新中心建设，积极探索实践产业合作新模式，实现各地优势产业相对集聚、产业链上下游分工合作和协同发展；参与构建国家战略性新兴产业知识产权和质量标准体系，取得了显著成绩。

第三，高科技产业集群效应显著。G60科创走廊已成为长三角重要城市群都市圈的高质量一体化合作大平台，以强大的城市、产业和创新集聚效应，打造长三角高质量发展的重要增长极，高科技产业一体化发展成效显著。具有原创性和自主可控性的全球先进集成电路300毫米、450毫米单晶硅晶体生长系统、量子通信等重大科创成果持续涌现，不断实现“卡脖子”领域新突破。2020 年 9 月 16 日，长三角 G60 科创走廊首个产业协同创新中心——金华（上海）科创中心，在临港松江科技城正式启用。企业在新材料开发、人工智能应用、数据通信等领域中的新技术、新产品开发都需要依托人才，在上海设立研发中心对于公司引进高端人才具有很大的帮助。目前，该中心已有浙江尖峰、浙江东磁、浙江金利华、浙江欧仑催化、浙江爱特新能源、上海创驱等 30 余家企业意向入驻，首批入驻的 7 家企业均为高新技术企业，其中 3 家为上市公司。

综合而言，长三角 G60 科创走廊产业联盟和产业合作示范园区，成为九城市开展产业合作的重要平台支撑，不断推动九城市产业协同创新和一体化发展，产业集群正向效应明显。长三角 G60 科创走廊九城市的产业分布范围宽泛，积极探索实践产业合作新模式，实现各地优势产业相对集聚、产业链上下游分工合作和协同发展；参与构建国家战略性新兴产业知识产权和质量标准体系，取得了显著成绩。九城市战略性新兴产业从“点对点”到“片连片”，进一步形成集聚效应；高科技产业集群效应显著，以强大的城市、产业和创新集聚效应，打造长三角高质量发展的重要增长极。

（五）绿色发展

中国经济已经由高速增长阶段转向高质量发展阶段，正处在转变发展方式、优化经济结构、转换增长动能的关键期。绿色发展是解决生态与发展问题、推动经济高质量发展的“金钥匙”，新时代推进绿色发展，本质是建立经济、自然、社会协调一体的交互机制。绿色发展是对传统工业化发展模式的根本性变革，是新时期最科学合理的人类社会发展模式。绿色协调发展是推动长三角区域和 G60 科创走廊高质量发展的基本要求之一。

1. 绿色发展指数分析

根据绿色发展的核心要义，本研究以 2016 年长三角 G60 科创走廊绿色发展为基期，计算了2017—2019年的长三角G60科创走廊绿色发展指数，测算结果如图3-25所示。长三角G60科创走廊绿色发展指数在基期2016年指数为100，2017年绿色发展指数为67.55，出现了较大幅度的下降；但是，2018年长三角G60科创走廊绿色发展指数出现快速上涨，增至118.82；2019年长三角G60科创走廊绿色发展指数保持增长，发展指数达到123.92。上述数据说明，长三角G60科创走廊绿色发展指数存在波动，总体维持上涨趋势，有利于保障经济的高质量发展目标。

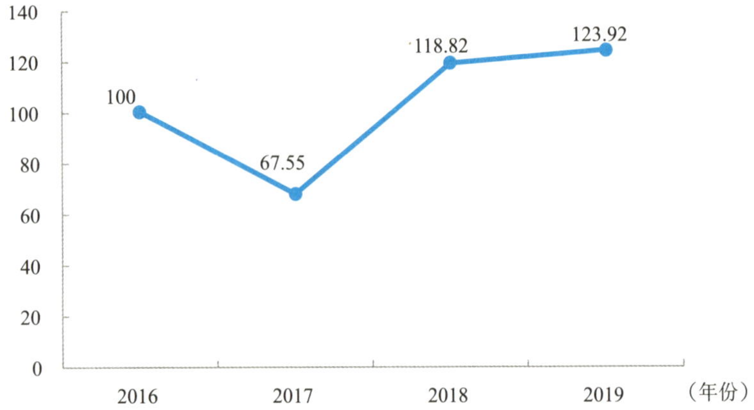

图3-25　长三角G60科创走廊绿色发展指数

分城市来看，本研究对长三角G60科创走廊九城市的绿色发展指数进行单独计算，分析了长三角G60科创走廊绿色发展指数的构成和趋势，具体如图3-26所示。对比结果可知，松江、杭州和苏州三地绿色发展指数数值较大，对G60科创走廊绿色发展指数做出了相对较大的贡献。从增长速度来看，2016—2019年，不同于其他城市绿色发展指数都出现波动或者下降情况，湖州的绿色发展指数呈现逐年提升的高速发展态势，绿色发展指数不断攀升；相比2016年，嘉兴和金华在2017年、2018年出现了短暂下降，但在2019年快速增长，并且达到四年以来最高点；松江、合肥在2017年期间绿色发展指数出现过高点，但随后逐年下降，与财政环保投入的分阶段投入有一定的关系。

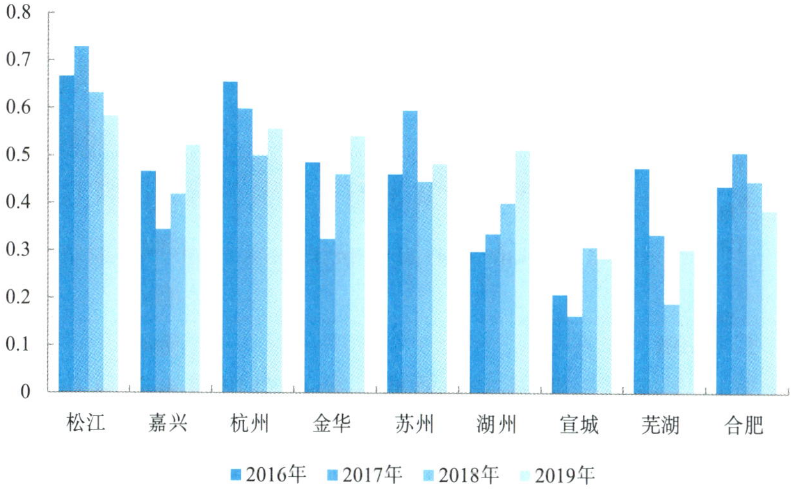

图 3－26　长三角 G60 科创走廊九城市绿色发展指数

2. 绿色发展指数构成指标分析

绿色发展指数的构成指标中，城市空气质量优良率和 PM2.5 平均浓度是绿色生态中的重要指标，具体发展趋势如图 3－27 所示。PM2.5 平均浓度为逆向指标，经熵值法测算评分可知，G60 科创走廊逆指标 PM2.5 平均浓度评分在 2017 年出现较大的下降，但在随后两年一直保持上升趋势，评分数值逐年提高，其中 2018 年、2019 年分别达到 51.22 和 72.47。相比而言，长三角 G60 科创走廊九城市的正指标空气质量优良率评分总体上逐年提升，虽在 2017 年出现大幅下滑，但在 2018 年大幅回升至 148.40，2019 年有小幅回落。由此可见，2017 年长三角 G60 科创走廊 PM2.5 平均浓度和城市空气质量优良率下降是绿色发展指数出现较大幅度下降的主要原因。

绿色发展指数中，能源消耗量、绿色技术等是反映经济高质量发展的重要方面，本研究对比了 2016—2019 年长三角 G60 科创走廊单位 GDP 能耗、绿色技术的发展趋势，发现单位 GDP 能耗的熵值法测算评分逐年小幅下降，但绿色技术的贡献不断提升，评分由 2016 年的 4.17 上升至 2019 年的 5.17，对于长三角 G60 科创走廊绿色发展发挥了越来越重要的作用。

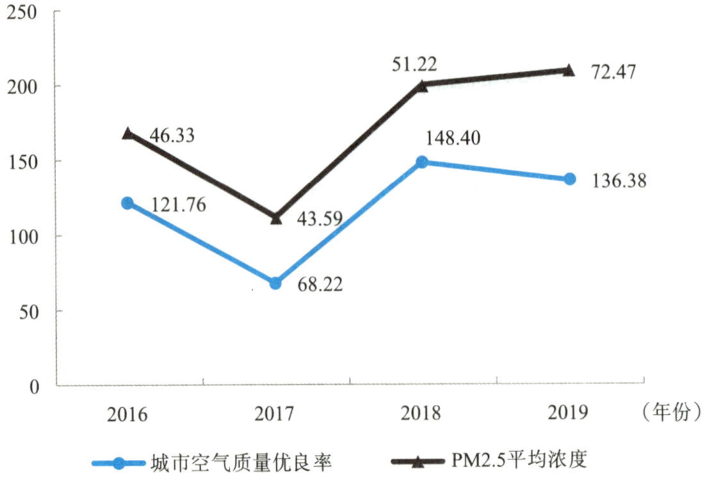

图 3-27　绿色生态指标评价趋势图

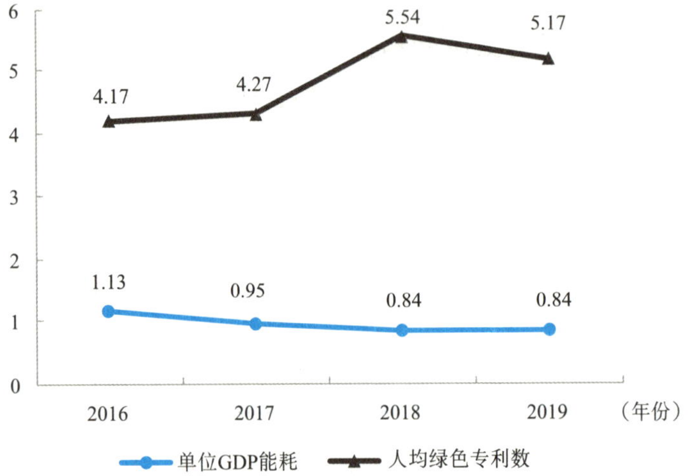

图 3-28　绿色生态其他指标评分趋势图

3. 绿色发展成效评价

2016—2019 年，长三角 G60 科创走廊绿色发展指数增大，有助于形成经济、自然、社会协调一体的交互机制，有利于推动保障区域经济高质量发展目标的实现。分城市指数中，上海松江、浙江杭州和江苏苏州对长三角 G60 科创走廊绿色发展指数贡献较大，浙江湖州的绿色发展指数呈现逐年提升的高速发展态势。绿色发展指数构成指标中绿色科技贡献不断提升，而能源消耗量、PM2.5 平均浓度和城市空气质量优良率需继续关注。

第一，绿色智造产业协同合作成效显著。长三角 G60 科创走廊成立以来，不断依托科创和产业探索绿色发展新模式，新能源汽车产业链建设等协同合作成效显著。2018 年 6 月 20 日，智能电力公路“三网融合”平台暨上海国能新能源汽车基地在 G60 科创走廊启动建设。国能新能源汽车重大产业项目致力于形成集研发、生产、测试、组装和销售于一体的新能源产业链，对提高上海松江科创驱动原动力、加快上海战略性新兴产业和先进制造业发展影响深远。2019 年 3 月，湖州民营火箭研制企业蓝箭航天自主研发的新一代运载火箭动力系统——天鹊 80 吨液氧甲烷发动机半系统点火试车试验圆满成功，所有核心部组件的稳定性均一次性通过考核。湖州出台了《沪湖绿色智造廊道建设实施方案》，以上海为龙头，湖州为策源地，聚焦新能源汽车及关键零部件、数字经济核心产业、高端装备、生物医药、节能环保、绿色家居六大产业，加强 G60 科创走廊绿色智造产业项目落地的协同合作。

第二，绿色技术与环境产业技术联盟推进绿色创新。长三角 G60 科创走廊建设大力推进绿色技术创新，成立环境产业技术联盟，大力推进了区域绿色创新。近年来，上海松江依托长三角 G60 科创走廊辐射带动效应，不断增强绿色创新和发展力度。例如，宝悦自动化装备项目投资签约仪式在新浜镇的举行，让总投资约 18 亿元的 7 个主导产业项目纷纷落户松江。此外，还有节能环保领域的中江环保集团、湿腾新风系统等。2020 年 9 月 1 日，合肥作为牵头城市，与上海、杭州等长三角 G60 科创走廊其他八城市的环境领域专家学者、生态环境和建设等相关部门、节能环保领域相关企业共同组建成立 G60 科创走廊环境产业技术创新联盟，建设山清水秀产业优的长三角绿色生态走廊，加快环境领域科技成果孵化和产业集聚。该联盟有利于聚长三角九城市之力发展环境产业，促进长三角 G60 科创走廊环境产业联盟成员单位紧密合作，开展联盟内成员横向合作，以重点产业领域用户需求带动产品创新，以示范应用推进环境产业智能升级。

第三，多渠道绿色金融融资新平台初步建成。长三角 G60 科创走廊的高质量发展包括对于绿色生态和绿色发展的监测。G60 科创走廊积极探索绿色发展指数的构建，已经建成包括围绕相关环境基本指标和绿色经济绩效指标评估体系，如绿色投资、绿色科技、绿化生态等，以此涵盖区域绿色发展整个系统，用以衡量 G60 区域绿色可持续发展质量。

综合而言，长三角 G60 科创走廊的绿色发展日新月异，环境产业技术创新联盟等正是深入贯彻习近平总书记关于推动长三角一体化发展的重要指示批示精神的生动实践。习近平总书记在合肥主持召开扎实推进长三角一体化发展座谈会并发表重要讲话，深刻阐明了长三角区域在国家经济社会发展中的重要地位和作用，专门指出要夯实长三角地区绿色发展基础，长三角地区不仅要在经济发展上走在前列，也要在生态保护和建设上带好头。

（六）市场开放

为了贯彻落实中央新一轮扩大开放战略和长三角更高质量一体化发展战略，长三角 G60 科创走廊九城市在首届中国国际进口博览会上，共同发布了协同扩大开放、促进开放型经济一体化发展的 30 条措施。长三角 G60 科创走廊九城市着眼外资准入、对外贸易、金融服务、产业体系、科技创新、营商环境等领域，构建一体化发展的开放型经济体系，扩大开放、先行先试，将一体化进程引向纵深，建立九城市一体化发展的开放型经济体系，开创长三角城市群一体化开放型经济新局面。

1. 市场开放指数分析

市场开放指数能衡量长三角 G60 科创走廊区域经济高质量发展的市场开放程度，包括外资持股上市企业情况、货币市场开放程度、外资开放度、外贸依存度等二级指标，这 4 个二级指标均为正指标，对市场开放指数具有正向作用。由图 3-29 可见，自 2016 年 1.0 版本升级至今，长三角 G60 科创走廊的市场开放指数得分呈现先增后降再回升的态势。2018 年，中美贸易冲突严重，不仅影响中国具有比较优势的出口领域，还影响了中国没有优势的进口和技术知识领域。在此背景下，长三角 G60 科创走廊城市外贸依存度较高的部分受影响较大，2018 年市场开放指数突然出现较大幅度的下滑。2018 年 11 月，长三角 G60 科创走廊九城市发布扩大开放 30 条，放宽外资准入门槛，以便更大力度地协同创新推进 G60 科创走廊更高质量一体化发展，开创长三角城市群一体化开放型经济新局面。2019 年政策实施初见成效，市场开放指数增长至 116.70，相比于基期 2016 年总体实现增长率 16.70%，呈现良好上升趋势。

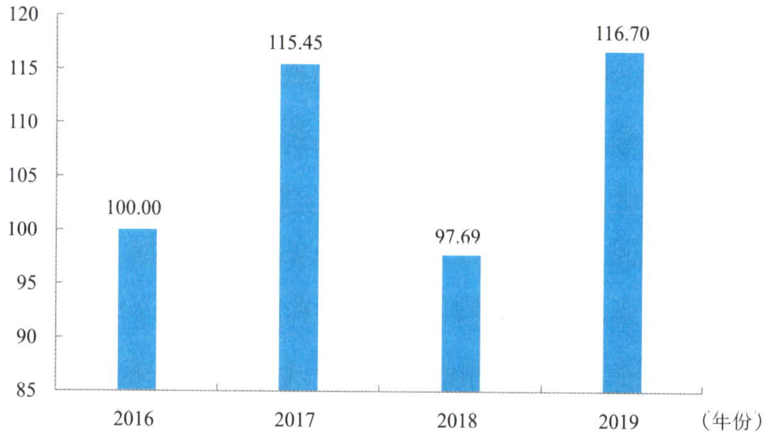

图 3－29　市场开放总体指数变化趋势

分城市来看（见图 3－30），2016—2019 年，长三角 G60 科创走廊大部分城市呈现开放水平整体上升趋势。对比长三角 G60 科创走廊九城市 2019 年市场开放总体指数，松江表现出非常高的市场开放水平，其市场开放指数得分 228.10，远超排名第 2 的芜湖的 174.96。嘉兴、宣城、杭州、湖州、苏州在市场开放方面亦有良好表现，指数分别为 131.38、112.77、107.48、97.39、93.10。值得注意的是，大部分长三角 G60 科创走廊城市的市场开放指数在 2018 年均有不同程度的下降，该现象与长三角 G60 科创走廊市场开放指数变化趋势相一致。就市场开放平均指数情况而言，松江的市场开放指数以 178.48 位居榜首，表现突出；其次为芜湖和嘉兴，具体见图 3－31。

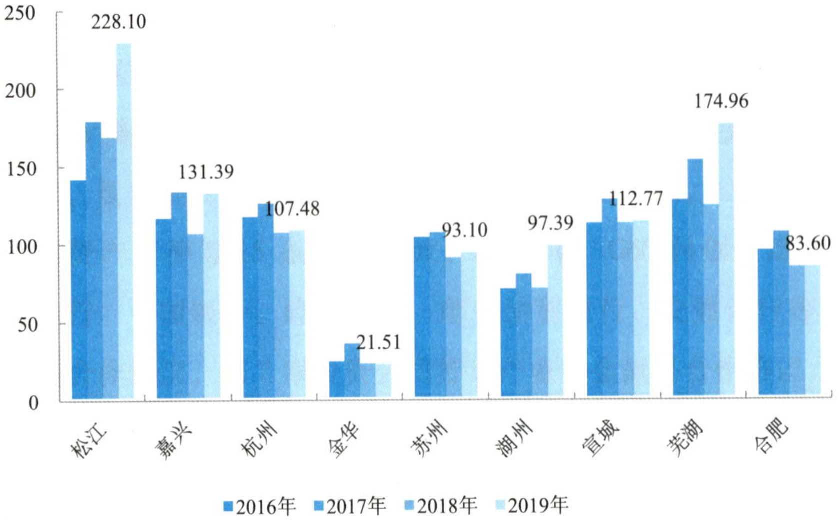

图 3－30　九城市市场开放指数变化

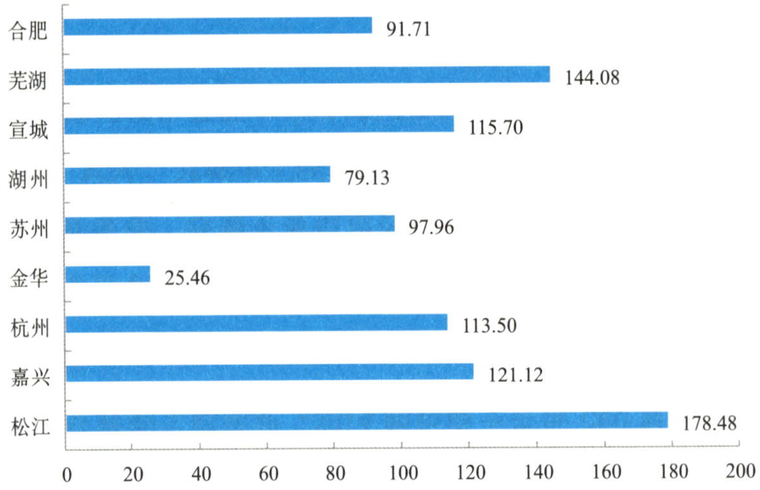

图 3－31　九城市市场开放指数平均值

2. 市场开放指数构成指标分析

在市场开放指数构成指标中，外资开放度和外贸依存度是主要影响因素。外资开放度是测度金融市场对外开放的重要指标，从图 3－32 中可以看出，2016—2019 年 G60 科创走廊外资开放度有先降后升的趋势，由 2016 年的 3.52% 降至 2018 年的 2.98%，在 2019 年又增长至 3.02%。2017 年，贸易保护和贸易摩擦对 FDI 产生较大影响，全球统计的外商直接投资（FDI）

较 2016 年下降 23%，但是长三角 G60 科创走廊九城市表现较好，2017 年与 2016 年相比，外商直接投资总额维持稳中有升，之后两年逐年恢复增长。

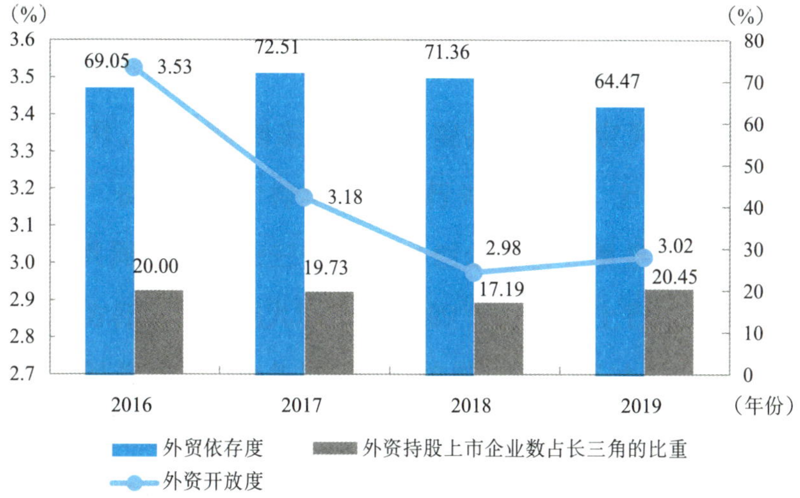

图 3－32　外贸依存度、外资开放度和外资持股上市企业数占长三角比重情况

G60 科创走廊外贸依存度指标从 2017 年起逐年降低，年均降幅为 5. 54%，国际经济形势发生变化情况下九城市经济发展更加依赖于国内消费和投资。外资持股上市企业数占长三角的比重由 2018 年的 17. 19% 上升至 2019 年的 20. 45%，主要原因是 2019 年我国出台政策逐步放开外资持股的比例限制，加之长三角 G60 科创走廊九城市发布扩大开放 30 条，放宽外资准入门槛。长三角 G60 科创走廊九城市在协同扩大开放，加快形成国内大循环为主体，国内国际双循环相互促进的开放型一体化经济发展新格局方面有一定成效。

3. 市场开放成效评价

长三角 G60 科创走廊市场开放发展成效显著，九城市位于“一带一路”和长江经济带重要的交汇点，是中国经济最具活力、开放程度最高的区域之一，在中国现代化建设和构建全方位开放格局中发挥着极其重要的作用。2016—2019 年，市场开放指数呈现良好上升趋势，大部分 G60 科创走廊城市 2019 年的市场开放增长速度较高。

第一，缓解外部环境冲击，稳定贸易增长。在国际贸易形势严峻和国内深化供给侧结构性改革的背景下，长三角 G60 科创走廊积极采取措施应对贸易环境变化带来的冲击，以上海松江、浙江杭州为代表的大部分城市表现优异。2019 年 10 月 28 日，上海松江综合保税区正式挂牌，成为国家开放金融、贸易、投资、服务、运输等领域的试验区和先行区。上海松江综合保税区发挥政策优势，大胆探索制度创新，释放市场主体创新活力，挂牌一年以来成绩亮眼。2020 年 1—9 月，上海松江综合保税区进出口总额为 2097000.5 万美元，同比增长 9.4%；其中出口和进口增幅分别为 7.4% 和 15.7%；进出口总额实现较快增长，继续保持上海各综合保税区第 1 名，位列全国各综合保税区第 5 名。浙江杭州跨境电商发展成效显著，2019 年全年实现进出口总额 952.1 亿元，增长 28.8%；其中出口和进口分别增长 26.4% 和 34.6%。在对外合作方面，截至 2019 年末，浙江杭州设立各类境外投资企业（机构）2237 个，增长 11.4%；对外承包工程和劳务合作营业额 27.4 亿美元，增长 6.0%；离岸服务外包合同执行额 71.9 亿美元，增长 3.9%。

第二，支持引进外资项目，鼓励外资研发中心发展。长三角 G60 科创走廊九城市加大吸引外资力度，进一步放宽市场准入，缩减外资准入负面清单，允许更多领域实行外资独资经营，在更高水平上扩大开放。2019 年，九城市外商直接投资实际使用总金额为 1767.53 亿元人民币，比 2018 年增长 12.86%；在外资持股上市企业方面，2018 年九城市外资持股上市企业数占长三角比重为 17.19%，2020 年提升至 20.45%。各城市在利用外资方面出台支持政策，例如，上海松江支持外资研发中心发展，支持外资设立国家级技术中心，参与战略性新兴产业领域重大研发项目；鼓励外资研发中心的研发成果在本地转移转化，进一步推动外资研发中心集聚发展，促进创新要素跨境流动。长三角 G60 科创走廊九城市努力克服新冠肺炎疫情的不利影响，实现外资项目扩大引强，2020 年 1—8 月上海松江引进合同外资增长 25%，1—7 月浙江嘉兴合同利用外资 37.5 亿美元，同比增长 18.9%。

各地的实践充分体现了 G60 科创走廊在更大范围、更广领域、更高层次上实施扩大开放，加快构建开放型经济新体制。

第三，政务协同推动服务协同，营商环境不断优化。长三角 G60 科创走廊九城市打破行政区划对经济要素的“阻隔”，进一步优化营商环境。G60 科创走廊的“一网通办”业务以跨城市营业执照和生产许可证办理为切入点和突破口，通过相关许可服务事项的“一窗收件、一网通办、一次办成”，实现九城市“一体受理，一体发证”。2019 年 3 月，G60 科创走廊被国务院办公厅确定为长三角政务服务“一网通办”先行先试区域，上海松江、安徽合肥、安徽芜湖、江苏苏州等地陆续发布专窗地方标准。通过“一网通办”智能政务的实施，有效在 G60 科创走廊打造全国审批事项最少、办事效率最高、投资环境最优、市场主体和人民群众满意度最高的营商环境。松江连续 2 年代表上海接受世行营商环境测评，为中国营商环境全球排名从 78 位跃升至 31 位做出了积极贡献。

综合而言，长三角 G60 科创走廊立足当下经济环境，谋划定位，瞄准方向，以长三角一体化的“内部开放”推动 G60 科创走廊对外开放水平达到新高度。在深化供给侧结构性改革，构建国内国际双循环相互促进的新发展格局的背景下，G60 科创走廊着眼于全球资源和市场的同时，更好地利用国内国际技术、人才、管理等各方面资源，促进经济更高质量发展。

（七）社会民生

社会民生的共享互融和共同提升，是长三角 G60 科创走廊高质量一体化发展的重要内容。长三角一体化国家战略要实现基本公共服务便利共享，要多谋民生之利、多解民生之忧，在一体化发展中补齐民生短板，将关乎百姓福祉的公共服务上升到与经济增长同等重要的高度，实现高质量发展和高品质生活的有机统一。

1. 社会民生指数分析

长三角 G60 科创走廊社会民生指数主要包括常住人口城镇化率、人均执业（助理）医师数、城市居民生活保障月最低标准，以及城镇居民人均可支配收入等指标，反映“一廊九城”在公共服务、生活水平及最低生活保障等方面的发展与差异。社会民生指数越高，表明社会民生发展程度越高，测算结果如图 3－33 所示。从社会民生指数看，2016—2019 年，长三角 G60 科创走廊社会民生指数值逐年上升，从 2016 年的 100 逐步上升至 2017 年的 111.83、2018 年的 114.88、2019 年的 122.76，总增幅达到 22.76%。指数变化反映了长三角 G60 科创走廊区域协同发展的过程中，在民生改善方面取得了显著的成效。

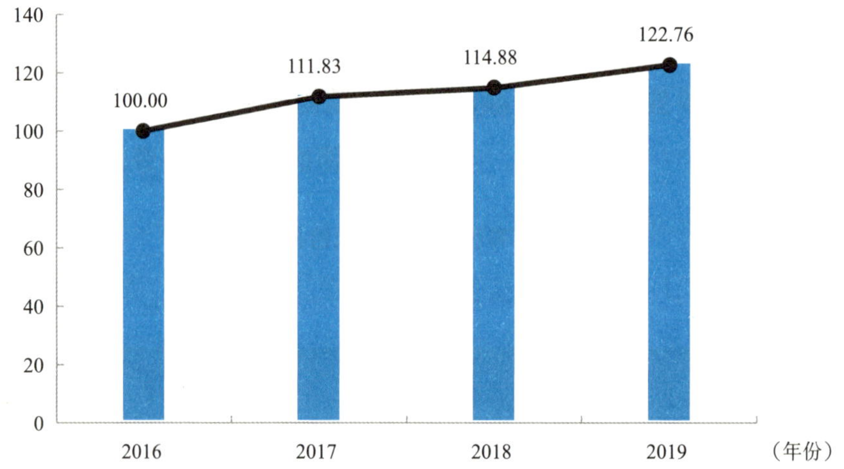

图 3－33　长三角 G60 科创走廊社会民生指数

分城市看（见图 3－34），2016—2019 年，苏州、杭州和松江的社会民生指数始终处于长三角 G60 科创走廊九城市中的第一方阵，且三城市的社会民生指数在 2019 年分别为 162.62，135.99 和 124.93。其余六城市的社会民生指数差异并不显著，2019 年的社会民生指数均处于 59 至 80 的区间范围内。

2. 社会民生指数构成指标分析

本研究基于社会民生指数的构成进行指标分析，研究长三角 G60 科创走廊九城市在社会民生领域的发展特征。在各指标的差异度方面（见图 3－35），各

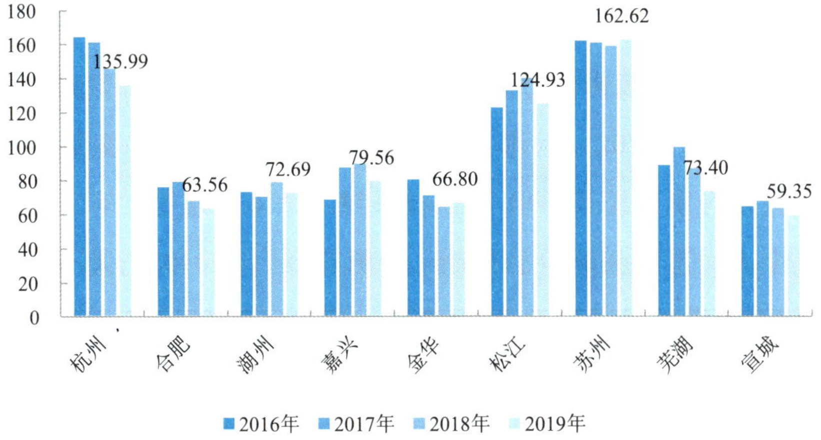

图 3-34　长三角 G60 科创走廊社会民生指数

城市人均执业（助理）医师数是差异度最大的民生指标，以 2019 年杭州的人均执业（助理）医师数为基准 100，松江 2019 年的值仅为 29。

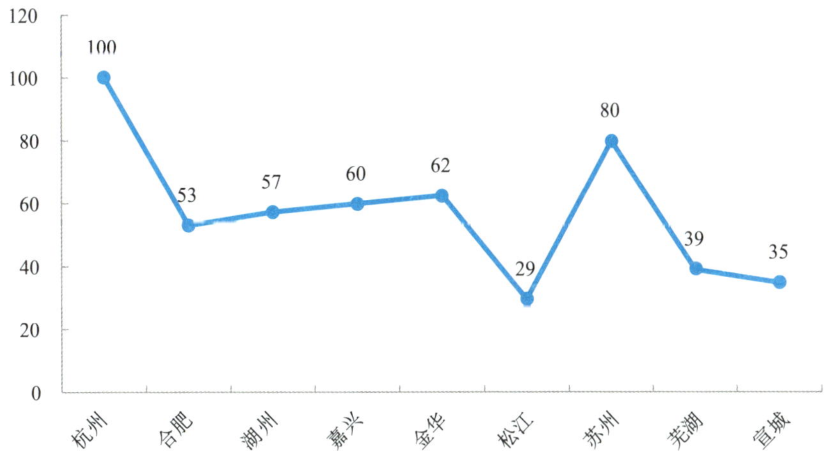

图 3-35　2019 年九城市人均执业（助理）医师数差异

在各指标的增速方面（见图 3-36），2016—2019 年，城镇居民人均可支配收入是长三角 G60 科创走廊九城市平均增速最快的指标，而常住人口城镇化率的增速最低。同时，人均地方一般公共预算支出、城镇居民生活保障月最低标准，以及人均执业（助理）医师数的增速稍落后于可支配收入增速。

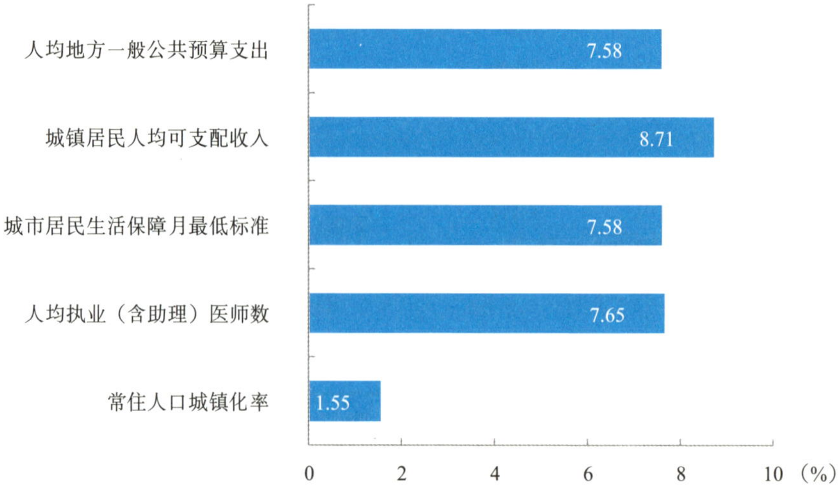

图3-36 九城市社会民生指标年平均增长率

3. 社会民生成效评价

2016—2019年，长三角G60科创走廊的社会民生指数呈现逐年上升趋势，表明区域内民生逐步改善；各城市的社会民生指数除江苏苏州、浙江杭州和上海松江作为区域的头部城市领跑之外，其余城市的社会民生指数较为均衡。分指标看，居民收入指标尤为突出，城镇居民可支配收入不仅在九城市间的差异度最小，在平均年增速上，也高于公共预算支出及城市居民最低保障等指标，反映了G60科创走廊居民收入水平和生活水平的改善和均衡趋势。

第一，信息化引领下实现区域医疗资源共享。长三角G60科创走廊积极基于信息化技术，探索实现区域医疗资源共享，促进区域社会民生水平的改善。目前，相关各城市大力推动包括异地就医结算、跨区域人才交流，以及远程智慧医疗在内的医疗一体化发展，切实提升区域医疗等公共服务的均等化水平。以上海和嘉兴为例，目前基于不少上海老人居住养老的需求，已有40家上海知名医疗机构与嘉兴相关医院建立了合作关系，诊疗技术、医疗资源、优质人才不断落地嘉兴，提升了当地患者的就医获得感。

第二，现代化目标下协同实现优质教育供给。长三角G60科创走廊推动了教育合作发展，协同扩大优质教育供给，促进教育均衡发展，率先实现区域教育现代化。在人才培养上，长三角 G60 科创走廊九城市共同签订了人才联合培训合作协议、技能人才合作共建协议、人力资源产业园联盟章程等一系列人才合作协议，协同培养创新和技能人才。在高校合作方面，上海立信会计金融学院发起了中国高校金融教育金课联盟，以及中国金融科技教育与应用创新联盟，推动“政、产、学、研”跨界合作、协同创新，为培养适应市场和行业发展需要的人才搭建开放式平台；上海工程技术大学联合浙江师范大学、苏州科技大学、安徽工程大学、嘉兴学院、湖州师范学院等 8 所 G60 沿线高校，发起成立“长三角 G60 科创走廊高水平应用型高校协同创新联盟”，共同致力于建设长三角优质应用型高等教育集群和长三角应用型高校协同发展新模式，以开放型教育体系支撑长三角 G60 科创走廊科技和产业创新。

第三，以标准化为抓手有效对接养老供需资源。松江正在推动区域养老服务合作与发展，建立健全政府间合作机制，落实异地就医结算，推动老年人异地享受本市长期护理保险、养老服务补贴等待遇，方便老年人异地养老。此外，苏州、嘉兴、湖州、芜湖作为开展区域养老一体化首批试点，正在共同探索建立养老共建对接合作机制，试点内容包括推广区域内养老服务标准、照护需求评估、养老护理员资格、养老机构院长从业资质互认，以及建设区域养老服务信息管理统一平台和统筹规划养老产业布局等，以此促进区域养老资源共享，激发养老服务市场活力，提高政策制度统一性、规则一致性和执行协同性，推动实现养老资源均衡分布、合理配置。

综合而言，新发展格局要求实现基本公共服务均等化，但实现基本公共服务均等化对于全国、长三角区域、G6 科创走廊都是一个艰巨的任务。其中，医疗卫生资源在 G60 城市间的不平衡、不充分尤为突出。未来，基本公共服务均等化的内容将随着经济社会发展而不断变化，人们对公共服务的要求将不断丰富，这就要求九城市政府不断完善提高公共服务均等化水平，将民生福祉提升到新高度，进一步释放内需潜力，推动内循环发展。

（八）辐射贡献

长三角G60科创走廊形成了经济发展有活力、开放程度高、创新能力强的城市群，为长三角高质量一体化发展提供先行探索。九城市创新能力突出、科技实力强劲，以科创驱动为载体，集聚高端要素，是长三角产业技术创新策源区、重大科技成果转化承载区、世界级先进制造业产业集聚区，是贯彻新发展理念、落实长三角一体化发展的生动实践，有力推动长三角地区高质量发展。

1. 辐射贡献指数分析

长三角G60科创走廊贯穿了长三角一市三省的核心地带，包括上海松江、浙江省省会杭州、江苏省重镇苏州、安徽省省会合肥等在长三角地区占据重要地位的城市。本研究基于多维度进行指数测算，量化G60科创走廊对长三角地区的辐射贡献效应，如图3－37所示。长三角G60科创走廊的辐射贡献力呈现明显上升趋势，相比2016年，2017年辐射贡献指数陡然提升17.04%，且2018年、2019年仍逐年增长。这说明，长三角G60科创走廊对长三角一体化的辐射贡献作用不断增强，充分体现了长三角G60科创走廊先行先试的趋势性和阶段性成果。

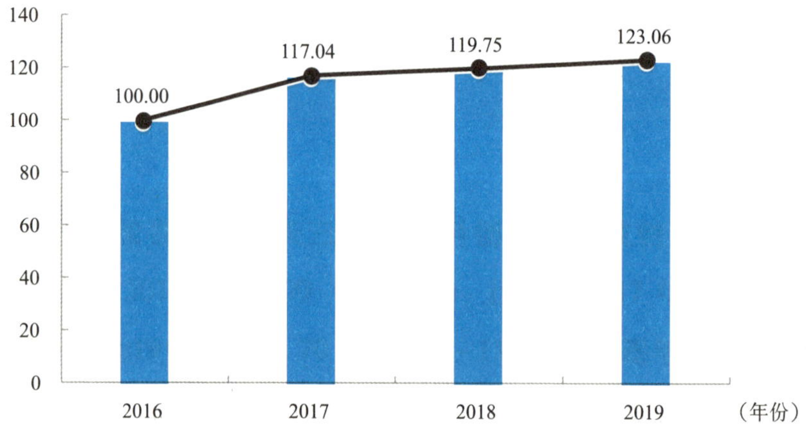

图3－37　长三角G60科创走廊辐射贡献指数变化趋势

2. 辐射贡献指数构成指标分析

长三角 G60 科创走廊的产业生态布局，集聚人才、资本、技术等要素，助力长三角地区产业链一体化高质量发展。本研究对于 G60 科创走廊的辐射贡献主要指标进行了统计，如图 3－38 所示。2016—2019 年，长三角 G60 科创走廊九城市经济总量占长三角经济总量的比例均超过长三角经济总量的三分之一，处于相对稳定状态，但 2019 年九城市经济总量贡献度比 2018 年上涨 13.39%，呈现大幅提升趋势。同时，规上企业贡献度逐年上升，从 2016 年的 24.32%，上升到 2019 年的 27.7%；R&D 经费投入贡献度变化不大，但相比 2016 年，2019 年九城市 R&D 经费投入仍有小幅上扬，整体趋势向好。

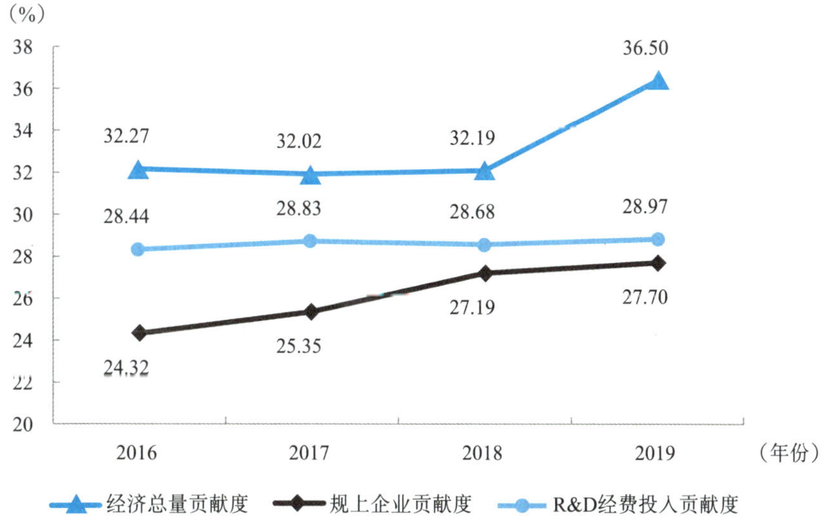

图 3－38　长三角 G60 科创走廊辐射贡献主要指标变化

3. 辐射贡献成效评价

长三角 G60 科创走廊从秉持新发展理念的基层生动实践，上升为长三角一体化发展国家战略的重要平台，肩负推进国家战略重要平台建设使命，充分发挥了高端制造业主阵地的作用，坚定推进创新驱动、转型发展，不断提升产业能级和核心竞争力，构建了更有活力和竞争力的产业生态，使得优势更优、特色更特、强项更强，在推动区域高质量发展、创造高品质生活等方面做出了重要贡献。

第一，科创驱动下的高质量发展先发优势显著。从1.0版上海松江，到2.0版沪嘉杭，再到贯穿长三角一市三省的3.0版长三角G60科创走廊，覆盖了上海松江、浙江嘉兴、浙江杭州、浙江金华、江苏苏州、浙江湖州、安徽宣城、安徽芜湖、安徽合肥九城市，赋予了7.62万平方公里崭新的使命——坚持国际视野、对标国际一流，打造科技和制度创新双轮驱动、产业和城市一体化发展的先行先试走廊。2016—2019年，G60科创走廊扩大到沪苏浙皖一市三省九城市，聚焦规划对接、战略协同、专题合作、市场统一和机制完善5个着力点，立足九地高质量发展要求、科创要素活跃、产业基础雄厚、资源禀赋互补、交通联系便利、合作交流密切的基础条件，共建共享面向长三角的G60科创走廊。基于先行先试的智慧与勇气，科技、产业、资本、人才以创新为媒在此集聚，并释放出城市群协同共振的巨大能量，成为贯彻新发展理念、推动区域协同发展的实践样本和实现长三角更高质量一体化发展的重要引擎。

第二，交通格局和区位功能层级优化提升。长三角G60科创走廊充分发挥先行先试的辐射带动效应，加强基础设施互联互通，不断提升交通格局和区位功能层级。G60科创走廊构建区域高速公路辐射网络，不断扩容改造安徽合肥—安徽芜湖—安徽宣城—浙江湖州—江苏苏州—上海松江高速公路，扩大同城效应，同时加大对沿线其他城市的辐射带动作用，促进科创要素在长三角自由流动和高效配置。2018年，借助一市三省共同打造沪苏湖合高铁，上海松江枢纽项目建设加速，汇集了沪苏湖合高铁、沪昆高铁、沪杭城际等多条线路，通过优化交通体系提升“上海松江枢纽”对浙江杭州、安徽合肥等枢纽的辐射能力。

第三，九城市一体协同下的先行先试辐射作用强劲。长三角G60科创走廊的先行先试是基于九城市一体协同，通过小城市群的先行先试辐射至长三角一体化城市群。九城市通过建立联席会议制度，共同研讨、协调G60

科创走廊建设过程中面临的共性和关键问题，并及时将相关成果上报上海市委市政府和浙江、江苏、安徽省委省政府，争取市、省领导对 G60 科创走廊建设的支持和帮助，同时将先行先试的经验做法及时上报到一市三省相关政府部门，以高效的方式辐射到长三角区域。G60 科创走廊加快促进科技、产业与金融深度融合，探索建立审批和监管的协作机制，为长三角政务服务一体化试点提供了更多可复制、可推广的经验。G60 科创走廊还立足“科学”属性，作为长三角区域创新策源地，夯实基础研究成果，促进了科学与技术交互共融，通过树立创新的科学导向，为长三角区域协同创新提供源头活水。另外，九城市还聚焦跨区域产业链一体化和开放合作布局，构建了多元协同创新体系，提升了 G60 科创走廊区域协同的创新能力，促进城市群融合发展，致力打造出具有世界影响力的先进制造业产业集群和区域城市群。

总体而言，2016—2019 年，G60 科创走廊在长三角辐射贡献方面成效显著，辐射贡献指数逐年上升，在经济总量贡献、规上企业贡献、R&D 经费投入贡献等方面表现突出。G60 科创走廊基于当前良好的发展基础和政策支持，对标新起点和新要求，直面问题，打破路径依赖，摒弃思维定式，寻求“无解之解”，在更好地服从、服务长三角一体化发展国家战略中实现新担当。

（九）区域均衡

区域均衡发展是十九大提出的区域协调发展战略的重要实现形式，对我国增强区域发展协同性、拓展区域发展新空间、推动建设现代化经济体系、实现“两个一百年”奋斗目标，都具有重要意义。长三角 G60 科创走廊通过形成参与国际合作和竞争、促进国土空间均衡开发和区域协调发展的城市群，强化大城市对中小城市的辐射和带动作用，逐步形成横向错位发展、纵向分工协作的发展格局，推进长三角一体化发展。

1. 区域均衡指数分析

在长三角 G60 科创走廊区域均衡指数中，均衡发展水平主要由人均地区生产总值、一般公共预算收入、人均一般公共预算支出、城镇居民人均可支配收入及每万人有效发明专利数5项指标的变异系数构成。变异系数是标准差与平均数的比值，是衡量资料中各观测值变异程度的一个统计量，可以消除单位和或平均数不同对两个及多个地区变异程度比较的影响。由变异系数构成的区域均衡指数越低，表明区域各城市数值变异程度越低，区域协调发展水平越高，也意味着基本公共服务更加均等，人民生活水平大体相当。

2016—2019年，长三角G60科创走廊区域均衡指数呈下降态势，说明"一廊九城"区域的各城市数值变异程度降低，区域协调发展水平提高，具体如图3－39所示。从优化的速度看，区域均衡指标的下降速度逐年加快，2017年该指数同比下降0.75%，2019年同比降幅达到了5.22%。这说明，长三角G60科创走廊区域均衡发展不仅总体呈现良好态势，而且正通过构建城市群区域协调战略，不断加速缩小区域发展差异。

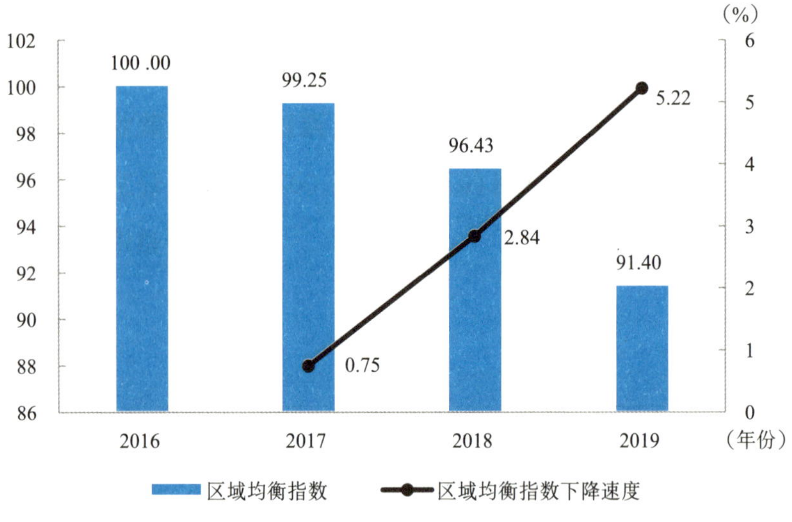

图3－39　长三角G60科创走廊区域均衡指数

2. 区域均衡指数构成指标分析

长三角G60科创走廊均衡发展指数从科技创新、政府财政等方面全面评估了区域协调发展水平，具体如图3－40所示。据图3－40，科技创新方面，每万人有效发明专利数的变异系数2016—2019年下降幅度最大，从

2016 年的 0.574 收缩到 2019 年的 0.447，降幅达到 22.09%。这一指标变化表明，G60 科创走廊“一廊九城”在科技创新方面的差距正在缩小。

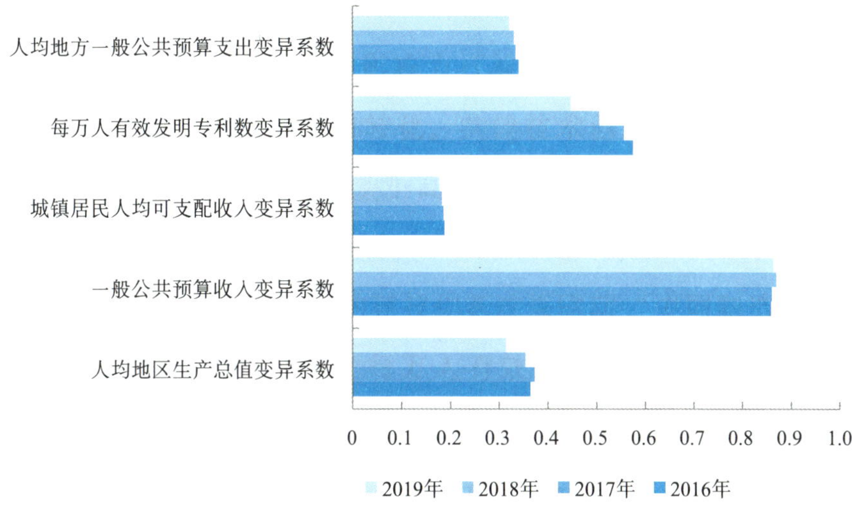

图 3-40　长三角 G60 科创走廊区域均衡指标

政府财政和人民生活的相关变量占据重要地位，长三角 G60 科创走廊的城镇居民人均可支配收入的变异系数最小，2016—2019 年始终保持在 0.178 至 0.188 的低区间；一般公共预算收入的变异系数最大，且在四年间并无显著变化，表明九城市预算收入的差异较大。这两个指标的对比说明，虽然 G60 科创走廊各个城市由于经济规模和发展水平导致的政府财政能力差异显著，但九城市的人民生活水平更趋均衡。需要说明的是，由于一般公共预算收入是衡量地方可支配财力的重要指标，也是用于民生建设资金的重要来源，故本研究以地方一般公共预算收入，而非人均指标，来衡量九城市在可支配财政收入上的均衡程度。

在生产总值和公共支出方面，人均地区生产总值和人均地方一般公共预算支出的变异系数 4 年间均呈现下降趋势。其中，人均地区生产总值的变异系数在 2017 年微幅放大后，2018 年和 2019 年两年持续收缩；人均地方一般公共预算支出的变异系数则呈逐年递减趋势。上述指标表明，G60 科创走廊的人均生产总值和人均一般公共预算支出仍然呈现较大差异度，但差异程度正在降低，尤其是人均公共预算支出的均衡化趋势为基本公共服务的均等化奠定了坚实的基础。

3. 区域均衡成效评价

长三角 G60 科创走廊区域均衡指数在 2016—2019 年呈下降态势，九城市的区域均衡发展水平上升，且区域均衡指数构成指标的下降速度呈逐年加快趋势。其中，反映科技创新的人均发明专利指标变异系数呈现明显的加速均衡化趋势，充分体现了 G60 科创走廊作为跨区域合作机制，对区域创新发展和协调发展的促进作用。

第一，九城市间协调互动不断增强。长三角 G60 科创走廊推进区域合作和竞争，已经形成促进国土空间均衡开发和区域协调发展的城市群，逐步打造了横向错位发展、纵向分工协作的区域合作发展格局。在协同创新方面，激励科技创新的“科技创新券”已实现跨区域使用；飞地实践已初见成效，松江积极布局“驻沪飞地”。例如，金华的“驻沪飞地”研发在松江，生产在金华；芜湖的“科创飞地”孵化在松江，产业化在芜湖，并创新性地实施企业“双注册“机制，充分实现资源共享、优势互补、互利共赢，是区域协同发展和创新能力提升的有益探索。在产业协作方面，以不同城市间园区的合作，有效促进了产业承接和产业升级，通过园区合作，松江、杭州等先行地区充分发挥了对 G60 其他地区的带动作用，有效促进了区域产业协调发展。合肥上海产业园积极复制上海先发园区成功经验，重点发展智慧物流、智慧制造、智慧材料、智慧健康四大产业体系。安徽宣城和杭州萧山两地政府合作，由宣城现代服务业产业园区与萧山区新塘街道共建承接羽绒产业转移平台，目前，园区已形成原料采集、羽绒毛生产到羽绒制品的完整产业链。2018 年，宣城来自沪苏浙的投资占比达 80%，重大项目占比达 60%。

第二，城镇乡村协调互动。长三角 G60 科创走廊九城市的人民生活水平更趋均衡，经济发展和公共支出差异不断缩小，拥有较好的城镇乡村协调互动机制。长三角 G60 科创走廊所涵盖的九个大中小城市协同发展，城镇体系完备，城镇之间经济社会联系密切。2019 年，九城市的平均常住人口城镇化率超过 70%，各具特色的小城镇星罗棋布。其中，松江的辐射带动作用显著，杭州、苏州、合肥等城市群建设成效明显，同城化效应日益显现。九城市城乡发展协调水平不断提升，城乡居民收入差距相对较小，城乡要素双向流动，形成了可复制、可推广的乡村成功发展模式。长三角 G60 科创走廊增强区域发展的协同性、联动性、整体性，还需深化改革和体制机制创新。

综合而言，长三角 G60 科创走廊在经济发展和公共服务等方面仍然存在发展不平衡不充分的问题，需在长三角一体化发展的国家战略之下，坚持新发展理念，立足发挥各地比较优势，缩小区域发展差距，努力实现基本公共服务均等化、基础设施通达程度比较均衡、人民基本生活保障水平大体相当的目标，促进区域均衡发展。

第四部分

九城市高质量一体化发展指数评价结果及分析

一、上海松江篇

上海松江享有“上海之根”的美誉，古称华亭，别称有云间、茸城、谷水等，是江南著名的鱼米之乡，位于长江三角洲内上海市西南部，黄浦江中上游。松江总面积604.64平方公里，占上海市总面积的9.5%，整个区域南宽北窄，略呈梯形，其中陆地面积占87.9%，水域面积占12.1%。目前，松江区辖有11个镇、6个街道，境内有国家级上海松江经济技术开发区、国家级上海松江综合保税区和佘山国家旅游度假区。上海松江区内拥有沪杭高铁、G60沪昆高速（沪杭高速公路）、G50沪渝高速（沪青平高速公路）、G1503上海绕城高速（同三国道）、G15沈海高速（嘉金高速）、S32申嘉湖高速（机场高速）、轨道交通9号线、金山铁路（轨道交通22号线）等干线，形成了纵横交错的道路交通网，是上海连接整个长三角、辐射长江流域的核心区域。作为上海全球科创中心重要承载区、长三角G60科创走廊的策源地，上海松江肩负着引领、示范、辐射的使命担当。目前，上海松江正在全力将G60科创走廊打造为服务长三角一体化发展国家战略的重要引擎、科创驱动“中国制造”迈向“中国创造”的示范走廊，“龙

头”劲舞，协同创新，坚持高质量发展，推动区域协同创新发展。

（一）上海松江分指数分析

根据长三角 G60 科创走廊高质量一体化发展评价指标体系，本研究对上海松江重要领域发展指数进行测算，结果如图 4－1 所示。总体来看，上海松江在经济发展、科技创新、要素流动、产业集群、绿色发展、市场开放、社会民生方面均呈现出增长的趋势，但各个领域发展速度有显著差异。其中，经济发展指数、产业集群指数、科技创新指数、要素流动指数、市场开放指数逐年递增，2019 年分别达到 186.78、131.63、186.48、182.86 和 228.10，尤其是科技创新指数、要素流动指数、市场开放指数在 2019 年取得了重大突破，充分发挥了长三角 G60 科创走廊引擎作用。绿色发展指数和社会民生指数近年来存在一定的波动，2019 年相比 2018 年两指数有所下降，分别为 126.24 和 124.93。

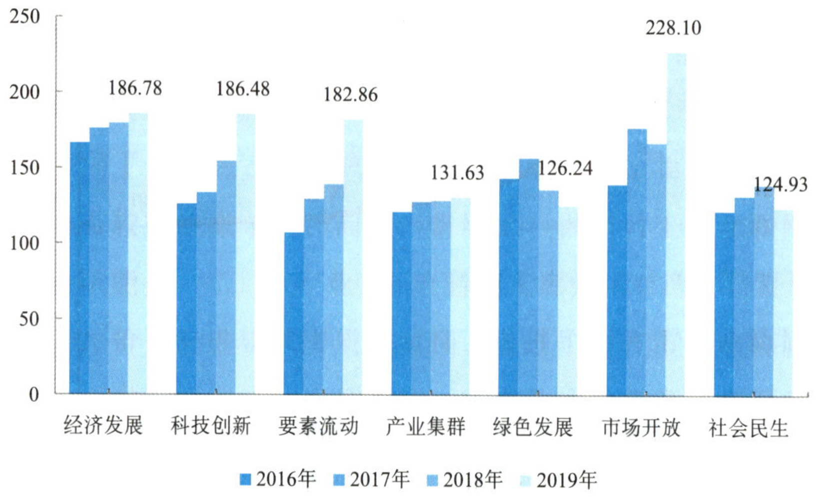

图 4－1　上海松江各领域发展指数

（二）上海松江主要指标情况

上海松江作为长三角 G60 科创走廊的策源地，全面贯彻新发展理念，积极推动高质量发展，加快提升城市能级和核心竞争力。目前，上海松江的“一个目标、三大举措”战略布局取得重大进展，经济发展呈现新亮点，社会建设取得新进步，主要体现在经济社会发展各个方面，具体如下。

1. 财政收入和外贸依存度较高，对外贸易局势变化影响 GDP 同比增速

2016—2019 年，上海松江 GDP 增速保持在 5%—7%，具体如图 4－2 所示。统计数据表明，2016—2018 年，上海松江国民生产总值 GDP 分别为 1040.45 亿元、1120.97 亿元和 1279.67 亿元，呈现逐年不断增长趋势，按可比价格计算，比上年增速分别为 5%、7%、7%。2019 年，上海松江实现地区生产总值 1579.71 亿元，按可比价格计算，比 2018 年增长 6%，其中，第一产业实现增加值 6.19 亿元，比 2018 年增长 2.3%；第二产业实现增加值 802.64 亿元，比 2018 年增长 4.5%；第三产业实现增加值 770.88 亿元，比 2018 年增长 7.7%。

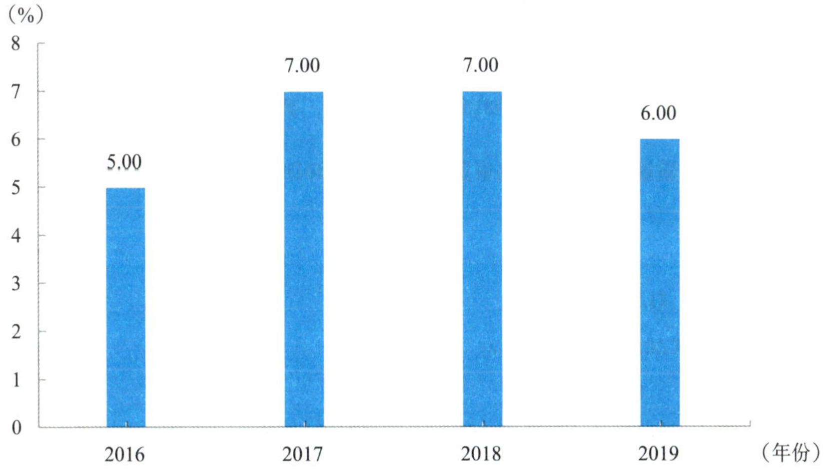

图 4－2　上海松江 GDP 同比增速

面对国内经济结构转型升级趋势，上海松江积极转型，打造高端产业基地，推动 G60 科创走廊产业联盟和产业示范区的成立。2017—2019 年，上海松江第二产业和第三产业增加值不断提升，第二产业增加值同比增速分别为 7.3%、1.4%、4.5%，第三产业增加值同比增速分别为 6.9%、

12.8%、7.7%。这说明，上海松江第二、三产业发展迅速，供给侧结构性改革效果显著。2018年，上海松江的产业高级化程度大幅增长，由2017年的87.11增至106.52。2019年，产业高级化结构稍有调整，主要由于先进制造业成效显著，服务业发展稳定，先进制造业和生产性服务业的两业融合加速推进（见图4-3）。

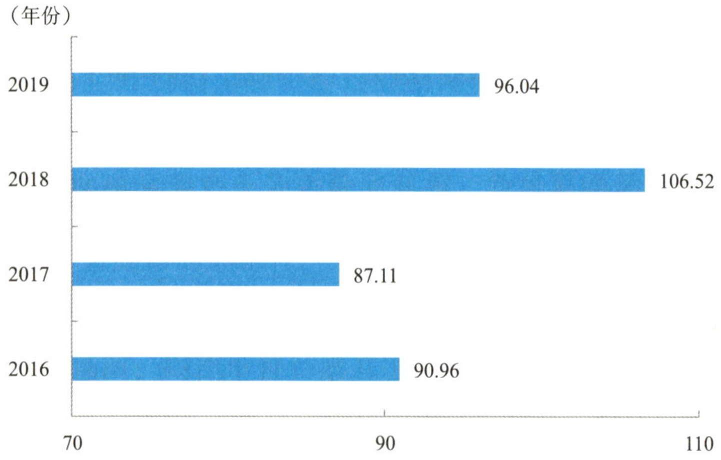

图4-3 上海松江产业高级化程度

地方财政收入方面，2016—2019年，上海松江一般公共预算收入分别为1639793亿元、1925609亿元、2043784亿元、2105100亿元，区间增幅为28.38%。进一步地，上海松江一般公共预算收入占GDP比重四年来高居G60科创走廊各城市之首，其中2017年最高，达到17.18%，而同年G60科创走廊该指标仅为11.29%，反映了地方财政收入的高质量发展优势。同时，上海松江的外贸依存度指标也居于G60科创走廊沿线榜首，具有外向型经济的特征。如图4-4所示，上海松江的外贸依存度2016—2019年分别为258.68、270.11、218.12和171.13，呈现先增后降的趋势，这与2018—2019年国际贸易冲突显著相关。

可见，由于外贸依存度较高，上海松江在2018—2019年国际贸易冲突的不断影响下，外向型经济受到较大影响，经济发展速度也有所减缓，但总体依然保持了正增长势头，说明高质量发展优势显著。

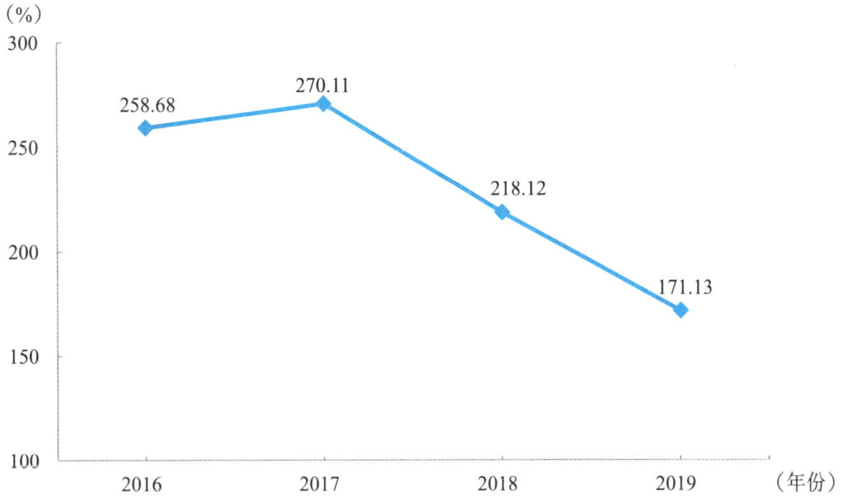

图 4－4　上海松江外贸依存度变化

2. 科技创新投入居首，科创引擎作用突出

2016—2019 年，上海松江 R&D 经费投入强度和 R&D 人员投入力度在 G60 科创走廊九城市中占据榜首、每万人有效发明专利数名列前茅，可见科技创新投入力度大、专利产出效率高，在带动区域科技创新快速发展方面发挥了重要的引擎作用，具体见图 4－5。

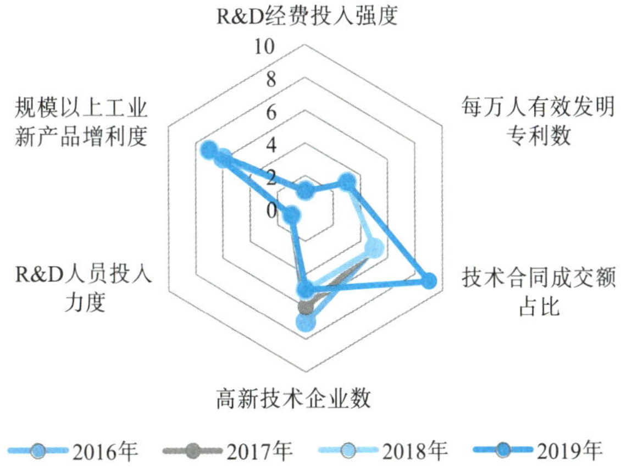

图 4－5　上海松江科技创新主要指标情况

专利数量持续增长，自主技术创新能力和技术发展水平稳步提高。2019年，上海松江全年专利申请15053件，同比增长20.3%；专利授权9906件，同比增长9.2%，具体如图4－6所示。2019年末，全区有效专利39496件，比2018年增加6183件。其中，有效发明专利8276件，比2018年增加975件。每万人有效发明专利拥有量47.3件，比2018年增加5.6件。上海松江被确定为国家知识产权试点城市（城区），拥有国家知识产权示范企业3家、国家知识产权优势企业12家、国家知识产权试点园区1家、国家级知识产权保护规范化（培育）市场3家、市级专利工作示范（试点）企业55家、市级知识产权示范（试点）园区7家，38家企业主导或参与63项国家标准、行业标准的制（修）订。

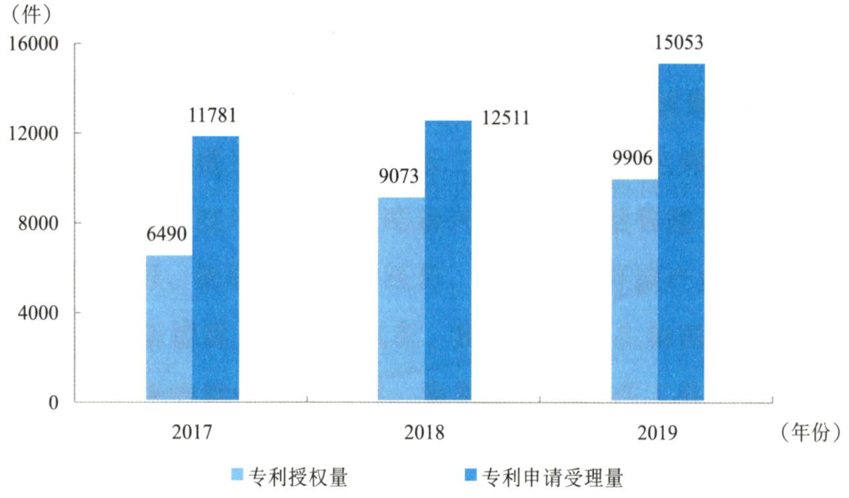

图4－6　上海松江专利申请与授权

创新企业集群加快形成，企业核心竞争力不断增强。2019年，上海松江净增高新技术企业310家，高新技术企业总量突破1080家，比2018年增长40.3%；新增市科技小巨人企业（含培育）14家，目前上海松江共有科技小巨人企业（含培育）143家，5家企业成为国家工信部第一批专精特新小巨人企业，数量与浦东新区并列上海市第一；新增市级专精特新企业117家，数量位居上海市第二；新增市级企业技术中心5家；新增市级创新载体

3 家，启迪漕河泾科技企业孵化器获批国家级科技企业孵化器。此外，上海松江全力建设产融结合新高地，精准对接科创板注册制改革，与上交所共建资本市场服务 G60 科创走廊基地，上线上证 G60 创新综合指数、上证 G60 战略新兴产业成份指数，探索科技成果转移转化和知识产权运营交易，成立院士联合工作站，启动长三角 G60 科创云平台。

科技项目加速落地，科普教育扎实推进。2019 年，上海松江推动 G60 脑智科创基地稳步建设，生物节律紊乱体细胞克隆猴模型重大成果在上海松江发布，项目获评中国科学十大进展。成立了由 15 名院士组成的低碳平台院士专家委员会，带动上海陕煤高新技术研究院有限公司落户上海松江。23 个科研项目荣获上海市科学技术奖，比 2018 年增长 53.3%，上海松江区推荐项目获奖 4 项，排名上海第三，其中民营企业 3 家，占比 75%，显示出上海松江民营企业自主研发的强劲动力。此外，65 米射电望远镜系统研制项目获上海科技进步特等奖。上海松江目前共有科普教育基地 66 个［国家级 5 个，市级 18 个（含国家级），区级 48 个］，其中企业科普教育基地 18 个。开展全国科普日上海松江区活动，举办长三角 G60 科创走廊（松江）科技节，配送科普讲座 108 场、动手做课程 44 次、基层科普干部能力提升培训 2 次、“小小科学诠释者”课程 10 次。

3. 高端制造产业集群初步建成，在构建新发展格局中发挥独特优势

2019 年，上海松江三大优势产业全年实现工业总产值 2890.66 亿元，占全区规上的比重为 77.8%。其中，电子信息业实现产值 1554.05 亿元，现代装备业实现产值 1059.18 亿元，都市型工业实现产值 277.42 亿元。战略性新兴产业（制造业部分）全年实现工业总产值 1064.54 亿元，比 2018 年增长 5.7%，占全区规上的比重提升至 28.6%。其中，六大新兴产业实现工业总产值 732.42 亿元，比 2018 年增长 10.6%。部分产业取得较快增长，如新能源比 2018 年增长 45.6%，新材料比 2018 年增长 20.4%，生物比 2018 年增长 10.0%。

优势产业发展拉动GDP增速，以“科技+产业”为中心的新型产业群正在形成。上海松江是G60科创走廊策源地，积极推动人工智能和智慧安防产业联盟落户松江，加速形成区域高端制造产业集群。在新基建方面，上海松江初步形成5G建设格局，建设5G基站1441个，建立长三角G60科创走廊5G产业基地。首个国家级跨行业跨领域平台创新应用体验中心——COSMOPlat卡奥斯国家级工业互联网创新应用体验中心落户上海松江，海尔COSMOPlat、用友精智等工业互联网平台入选全国十大双跨平台。

此外，2016—2019年，上海松江地区协同指数——克格曼指数不断攀升，反映出上海松江在区域协同中引领G60科创走廊高端制造产业集群发展；单位GDP能耗等绿色发展领域遥遥领先，促进了科创走廊的绿色高质量发展趋势；货币市场开放程度、人均公共财政支出发展水平较高，劳动力配置效率、资本配置效率区域领先。这一系列主要指标情况说明，上海松江正在以G60科创走廊内产业集群高质量发展促进长三角一体化发展，积极发挥G60科创走廊发展的区域引擎作用。

（三）上海松江特色发展情况

1. 特色产业效应显现，战略性新兴产业集群形成

上海松江充分发挥高端制造业主阵地作用，形成高端产业为引领、先进制造业为根本、现代服务业为重要保障的经济发展格局。相比“十三五”期初，2019年上海松江制造业税收占总税收比重从35.9%上升到48.5%；房地产税收占总税收比重从32.4%下降到24.9%。战略性新兴产业产值占规模以上工业总产值比重提升至28.4%。2020年1—11月，松江核心和先导性指标逆势上扬，地方财政收入实现连续59个月保持正增长；要素市场方面，松江各类市场主体已超20万户，相较于5年前增长了54.47%；投资方面，引进投资总额同比上升66.5%，合同外资同比上升28.7%；经济增长潜能方面，工业固定资产投资额同比增长13.8%，工业总产值增长5.7%。

在特色产业发展方面，2016—2019 年，上海松江的新材料、新能源和人工智能产业产值呈总体上升趋势（见图 4－7），特别是新材料产业产值从 2016 年的 268.5 亿元增至 2019 年的 370.63 亿元，增长 38.04%。2016—2019 年，新能源产业产值增加 33.11%、人工智能产业产值增长 79.83%。

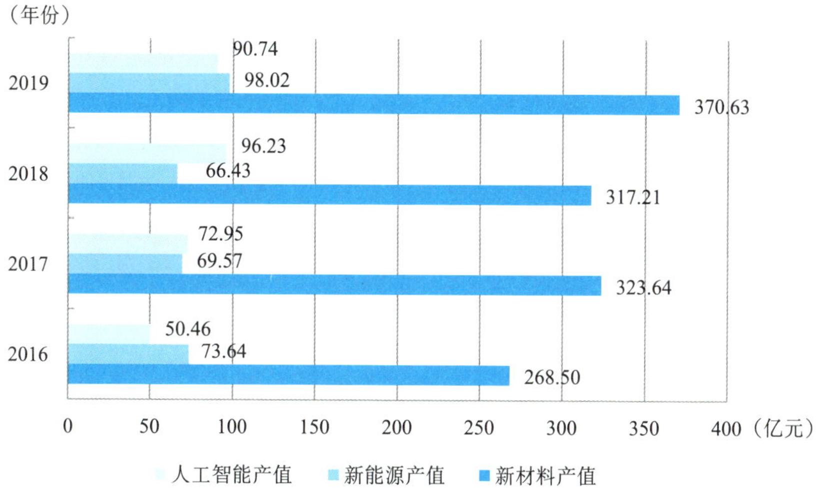

图 4－7　上海松江特色产业发展情况

在战略新兴产业发展上，上海松江牢牢把握区位优势和发展态势，加快建设规模体量大、成长性高、引领性强的战略性新兴产业集群。战略性新兴产业的产值情况如表 4－1 所示，上海松江在新一代信息技术产业、新能源、新材料产业方面快速发展，形成了较好的战略新兴产业发展格局。同时，上海松江瞄准核心关键技术，加强自主创新，不断攻坚突破，推动优势产业做大做强。恒大新能源汽车全球研究总院、新能源汽车整车、新能源汽车轮毂电机、海尔卡萨帝等一批重大产业项目落户，G60 科创云廊、海尔智谷、超硅半导体等项目有序推进。此外，上海松江积极推进智慧安防产业集群建设，建设信息技术创新平台和产业基地，正式启用国家商用密码检测（上海）中心，海尔卡奥斯国家级工业互联网创新应用体验中心落户，工业互联网生态体系逐步形成。

表 4－1　上海松江规模以上工业战略性新兴产业总产值　（单位：亿元）

指标名称	2016 年	2017 年	2018 年	2019 年
节能环保产业	87.93	99.61	71.75	67.15
新一代信息技术产业	1770.45	1640.96	1570.85	1499.88
生物产业	31.35	33.86	46.85	51.63
高端装备制造业	146.82	215.56	288.80	275.81
新能源产业	35.53	38.84	47.10	50.92
新材料产业	182.24	218.66	270.57	354.51

在特色园区建设方面，上海临港松江科技城作为全市首个“区区合作、品牌联动”示范基地，是临港集团品牌与功能的辐射与延伸，近年来，围绕打造具有全球影响力的卓越科技园区的发展目标，着力推动以科技创新、产业创新为核心的全面创新。上海松江还注重强化特色产业集聚和产业生态培育，立足新技术、新产业、新模式、新业态发展，进一步优化产业布局，推动产业转型升级，切实增强企业集群和产业集群的竞争优势。位于松江经济技术开发区西部科技园区的正泰启迪智电港，正在打造“集高端制造为一体，智能电气、能源互联为两翼”的科技创新高地，吸引了一批以正泰集团上下游和启迪控参股企业为先导的战略性新兴产业企业。

2. 特色投资大幅拉升，引领 G60 科创走廊新基建投资

第三产业投资占比突出，先进制造业项目集中开工。2019 年，上海松江全年完成固定资产投资 561.65 亿元，比 2018 年增长 11.9%。其中，第二产业完成投资 164.52 亿元，比 2018 年增长 23%；第三产业完成投资 397.13 亿元，比 2018 年增长 7.9%，第二、三产业的年投资比例为 29.3∶70.7。计划总投资过亿的工业项目 105 个，实现投资额 126.41 亿元，占全区工业固定资产投资总额的 76.8%。其中，先进制造业项目开工 80 项，竣工投产 87 项；工业固定资产投资同比增长 20.3%，技术改造类项目占比 60% 以上。此外，上海松江建造长三角 G60 科创云廊，全长 1.5 公里，包括22幢80米高的建筑，成为高端产业聚集的新高地；有序推进海尔工业智谷、超硅半导体等项目，推进智慧安防产业集群建设，与中国电子科技集团合作，共建信息技术创新平台和产业基地等。

新基建投资快速增长。如图4-8所示，2016—2019年，上海松江信息基础设施投资额同比增速、融合基础设施投资额同比增速、创新基础设施投资额同比增速均取得了较大突破。2018年，先进产业创新投资从12.93亿元增至26.77亿元，增加107.04%；一体化融合投资从7.88亿元增至11.50亿元，增加45.94%。2019年，先进产业创新投资为40.99亿元，增加53.12%；一体化融合投资为35.52亿元，增加182.78%；智能化终端投资为21亿元，增加9.72%。上述数据表明，上海松江在G60科创走廊发展中，充分响应产业升级需求，大幅提高新基建投资规模，为长三角G60科创走廊沿线九城市的高质量发展提供了坚实的技术支撑。

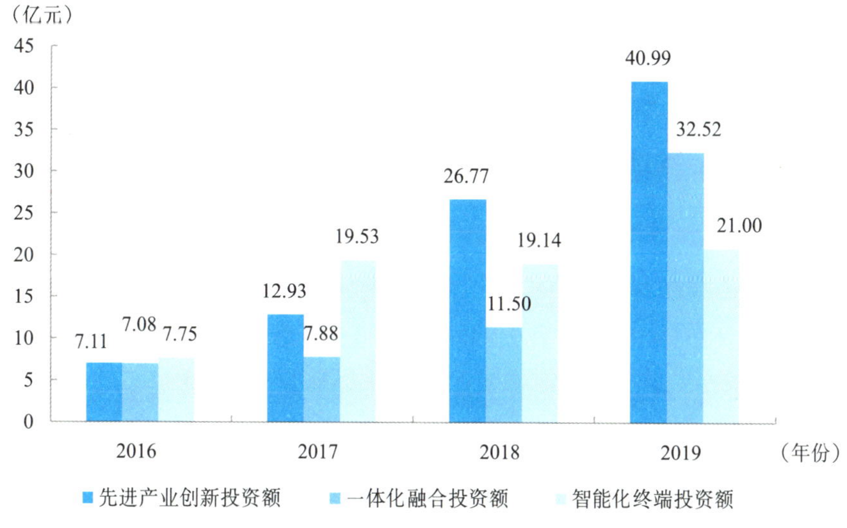

图4-8　上海松江特色投资情况

3. 依托国际金融中心，创新科创融资模式，打造产融结合新引擎

本研究对上海特色工业企业R&D投入情况数据进行了对比分析，具体数据如图4-9所示。2016—2019年，上海松江新材料、新能源、人工智能3个特色行业的工业企业R&D投入均呈现增长趋势，2019年3个产业的

R&D 投入分别为 3.58 亿元、4.81 亿元、3.57 亿元。其中，人工智能产业特色工业企业 R&D 投入从 2016 年的 0.82 亿元增长到 2019 年的 3.57 亿元，增长 335.57%，成为上海松江新的特色产业科创投入龙头。

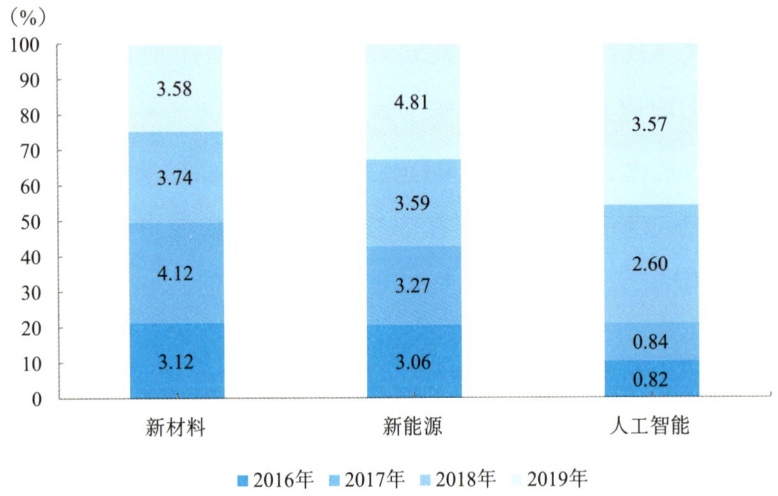

图 4－9　特色工业企业 R&D 投入情况

科技型企业的 R&D 经费投入需要大量资金支持，为了支撑企业的融资需求，松江依托上海国际金融中心地位，依靠上海证券交易所等平台，推出上证 G60 科创走廊综合指数、上证 G60 战略新兴产业成份指数。其中，上证 G60 创新综合指数（950048）在 2019 年 11 月 29 日为 907.77 点、2020 年 8 月 18 日为 1253.56 点、2020 年 10 月 16 日为 1201.76 点，不到一年时间涨幅达 32.39%。同时，上证 G60 战略新兴产业成份指数（950049）在 2019 年 11 月 29 日为 968.96 点、2020 年 7 月 13 日达到 1477.39 点、2020 年 10 月 16 日为 1353.02 点，涨幅为 39.64%。G60 科创走廊相关指数后期还计划推出 ETF 产品，以提高 G60 科创走廊的影响力和品牌度，为产融结合搭建良好平台。

截至 2020 年 12 月，上海松江公司在科创板已问询 5 家，上市 4 家，即上海宏力达信息技术股份有限公司、上纬新材料科技股份有限公司、上海先惠自动化技术股份有限公司、上海昊海生物科技股份有限公司；G60 沿线九城市已在科创板上市 47 家。此外，上海松江还牵头推进了上海证券交易所资本市场服务 G60 科创走廊基地建设和运行，常态组织开展九城市产融对接活动，为科创型企业提供上市、融资融券、债权、股权、融资租赁等全牌照、全产业链、全要素金融服务。因此，上海松江独特的区域优势，为 G60 科创走廊带来了更多的产融机会，上海交易所科创板、上海国际金融中心担当了 G60 科创走廊的金融引擎，为区域高质量一体化发展提供了完整的产融服务。

4. 特色消费持续增长，社会文化日益彰显风采

生产性服务业和生活性服务业加快聚集。2019 年，上海松江召开服务业发展大会，发布加快服务业发展若干意见。生产性服务业加快集聚，引进 22 个研发设计、专业服务类项目，6 家企业获市级服务型制造示范企业认定，新增 2 家市级工业设计中心。总部经济加速发展，4 家跨国公司地区总部、6 家外资研发中心、6 家民营企业总部获市级批复，数量创历年之最，认定 22 家区级总部企业。在生活性服务业发展方面，上海松江发布促进消费增长实施方案，推动夜间经济发展。对上海松江特色消费数据的对比分析（见图 4 - 10）显示，2016—2019 年，上海松江的特色消费包括日用品、化妆品和汽车消费，总体呈增长趋势。其中，汽车和零售化妆品在 2019 年的销售额分别达到了 67.92 亿元和 38.02 亿元，日用品的零售额增长 72.52%。消费升级与扩大内循环对于构建经济新发展格局至关重要，上海松江应进一步加大消费促进政策，以松江为引擎，推动 G60 区域实施扩大内需战略，以创新驱动、高质量供给引领和创造新需求。

上海松江特色消费增长的重要支撑在于居民人均可支配收入和人均 GDP 均呈现较高速增长。如图 4 - 11 所示，2017—2019 年，上海松江居民人均可支配收入同比增速分别为 9.54%、9.50% 和 8.90%，2019 年达到 5.68 万元；人均 GDP 同比增速分别为 8.57%、13.45% 和 22.77%，2019 年达到 8.92 万元，呈现持续高速增长态势。

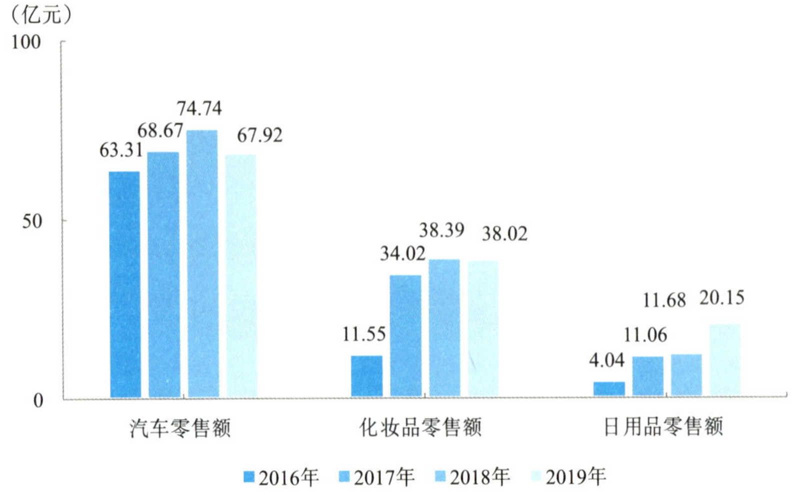

图 4-10 上海松江特色消费情况

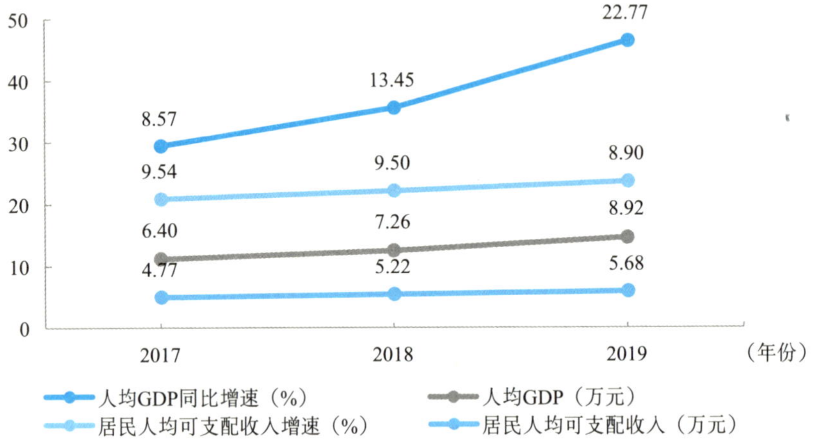

图 4-11 上海松江居民人均可支配收入与人均 GDP

上海松江在社会文化发展方面成就突出，特色显著。据表 4-2 所示，上海松江影视产业产值在 2016—2018 年高速增长，产值总量分别为 246 亿元、302 亿元、351 亿元，同比增速分别为 78.26%、22.76%、16.23%。2019 年，受全行业景气值下降的影响，松江影视产业产值出现较大下滑，但上海科技影都发展加速推进，包括与上海国际电影电视节深度合作，发布上海科技影都总体概念规划，推出促进影视产业发展的 16 条扶持措施，新引进影视企业 586 家。在旅游业方面，上海松江全域旅游发展迈出重要步伐。2019 年，完成国家旅游标准化示范区创建中期验收，亚太区首座蓝精灵主题乐园试运营，实施佘山度假区核心区生态景观提升等。2016—2019 年，上海松江旅游总收入从 2016 年的 84.70 亿元增长至 2019 年的 124.83 亿元，4 年同比增速分别为 8.8%、9.3%、18.9%、13.48%，呈现高速发展格局。

表 4－2　上海松江文旅行业发展情况

年份	影视产业产值（亿元）	影视产业产值同比增速（%）	旅游收入（亿元）	旅游收入同比增速（%）	人均公共文化设施面积（m^2/人）	人均公共文化设施面积同比增速（%）
2016	246	78.26	84.70	8.80	0.20	33.30
2017	302	22.76	92.50	9.30	0.23	15.00
2018	351	16.23	110.00	18.90	0.30	30.43
2019	160	－54.42	124.83	13.48	0.41	36.67

（四）上海松江发展的政策建议

上海松江围绕长三角一体化、G60 科创走廊国家战略，依托上海国际金融中心建设，大力推动科技投入、研发创新，构建高端产业链集群，搭建特色金融服务平台，大力推动区域发展，积极发挥科创策源和产业引擎作用。“十四五”期间，松江应聚焦长三角 G60 科创走廊国家战略，不断提升“科创、人文、生态”现代化新松江的含金量和内涵，高起点、高标准建设具有独立功能的长三角综合性节点城市，奋力开创新时代松江发展新局面。

第一，立足科创走廊，提高上海松江对于 G60 科创走廊的引领能力和贡献能力。科创走廊建设应坚定不移地坚持“科创”属性，长远发展应以基础研发和原始创新为本，逐步培养整合基础研究资源、开发基础研究成果的能力。作为 G60 科创走廊的核心，上海松江应充分发挥科技创新策源功能，引领科创走廊的科创方向，坚持科创走廊的科创属性，争取将 G60

科创走廊打造成能够进行原始创新的科创基地、能够引领前沿创新的制高点、能够吸引全球顶尖的科学家和创新者的集聚地。上海松江应承担起G60科创走廊领导者的重任，与其他中心城市一起，积极引进知名大学和科研机构入驻科创走廊，建立和高校科研合作长效机制，致力于基础科技研究和人才培养，为科创走廊发展提供基础研发的源泉和科技人才的供给；应充分发挥高校、科研机构和高科技企业等基础创新主体的作用，鼓励其聚焦于集成芯片、人工智能、生物医药、操作系统、新材料等关键创新领域，争取扶持出一批头部科技企业；应树立创新科研导向，协调创新科研机制，为科创走廊协同创新奠定基础；应建立健全知识产权保护体系，拓展科研成果转化渠道，完善科技成果转化政策，为科技转换成生产力助力；应努力打造科技人才聚集高地，吸引全球科技人才，尤其是海外高科技人才来科创走廊安家创业。

第二，建立产业链、供应链全协调互通机制，统筹跨区域全产业链和核心产业链现代化的发展。这意味着上海松江要在G60科创走廊整体谋篇布局，根据产业链、价值链、供应链和创新链等合作链，集各地之所长，推动共建共赢的发展局面，形成共生共荣的产业生态；通过重大项目建设等，对高新技术企业、高层次人才所享受的政策进行跨区域互用互认，形成一体化的制度环境和政务服务环境，提高企业人才、资金、技术等高端要素集聚能力，促进企业转型发展。上海松江还需研究和对标国际市场规则，共同推进简政放权、放管结合、优化服务改革，推动市场体系统一开放，促进商品、资金、劳务、人才等各类要素资源在区域内顺畅流动和优化配置，充分释放区域协同的积极效应。根据产业创新园区的特点，创新政策、整体规划，合理配置分流资源，优化环境；同时，依托大学与科研机构，为高技术企业提供具有创新能力的人力资源，营造创新的环境氛围。

第三，大力发展G60科创走廊金融协同创新，助推科技创新。金融创新对技术创新具有重要的助推作用。大力发展科技金融，让金融服务于科创战略，是目前上海金融业发展的最重要的方向之一。全球成功的科创走廊，都离不开金融的保驾护航。上海松江应充分发挥区域金融中心的资源配置功能，进一步完善科技和金融结合机制，探索发展新型科技金融服务组织和模式，建立适应科技创新的金融服务体系，力争把 G60 科创走廊打造为金融支持科创的示范基地。加快金融开放的相关部署和当前金融市场开放政策密集落地，同时推出更高层次金融市场开放举措，推动资本项目可兑换和推进资本市场双向开放互为一体。另外，上海松江还可以进一步发挥资源配置功能，牵头完善金融服务科创的服务体系。探索设立 G60 科创走廊股权交易中心，发挥区域股权市场对科创企业的支持作用；尝试建立 G60 科创走廊特色产业基金及科创企业孵化培育基地、基础研发支持基金等，通过更多途径助力科技基础研发及相关科技成果转化。

第四，理顺本地发展和上海市、科创走廊发展的关系，充分发挥辐射和带动效应。G60 科创走廊为“一廊一核多城”的形态布局，作为核心的上海松江，需要发挥创新辐射效应和资源溢出效应，以带动科创走廊中的其他区域共同发展。但也应看到，上海目前正承担着建设具有全球影响力的科创中心的战略重任，市内有着张江高科技园区、自贸试验区、临港新片区等科创基地，本身也有着引进科技人才、科技资源和科技项目的压力。上海松江应明确自身在上海和 G60 科创走廊建设中的定位，充分争取各方资源政策支持，提高 G60 科创走廊在双循环中的纽带作用，建立国际一流的科创中心。此外，G60 科创走廊中的其他城市与上海松江相比，都具备各自的资源禀赋和竞争实力，可以形成很好的合作互补关系。上海松江的研发能力、金融市场均在全国领先，苏浙皖在生物医药、新能源、电子信息等产业的竞争力也首屈一指，各有独特优势。因此，上海松江要从国家战略角度出发，把 G60 科创走廊建设和上海科创中心建设结合起来，作为一个整体考虑，强调合作共赢，通过创新性制度和市场化机制来解决科创走廊内部科创要素流动的问题和协同问题，真正打破地方壁垒，建立科创联合和产业联合，成为国际国内双循环的纽带。

二、浙江嘉兴篇

嘉兴，别称禾城，是浙江省地级市，位于浙江省东北部、长江三角洲杭嘉湖平原腹心地带，市城处于江、海、湖、河交会之位，扼太湖南走廊之咽喉，与沪、杭、苏、湖等城市相距均不到百公里，区位优势明显，尤以在人间天堂苏杭之间著称，被国务院批复确定为中国具有江南水乡特色的旅游城市，也是长三角 G60 科创走廊中心城市之一、长江三角洲重要城市之一。全市五县两区均被列为中国创新百强县（市）、中国创新百强区。改革开放以来，嘉兴各项事业快速发展、全面进步，综合实力持续提升。特别是近两年，创新资源加速集聚、大好高项目频频落地，重大项目、生态建设、民生事业、基层治理等领域不断取得新成绩，“中国制度”在嘉兴各个领域、各个环节都展现出了强大生命力。嘉兴作为均衡富庶协调发展的典型，正在为“共同富裕”的中国特色社会主义道路提供生动实例。

2017 年，上海松江与浙江杭州、嘉兴合作建设沪嘉杭 G60 科创走廊，签订《沪嘉杭 G60 科创走廊建设战略合作协议》，迈入 G60 科创走廊 2.0 时代。嘉兴立足世界高度、未来眼光、现代化标准，充分用好一市三省优势资源和区域一体化机制支撑，加快功能塑造，创新发展模式，着力打造“一城两带”（一城：全域孵化之城；两带：高新产业集聚带和协同创新示范带)，创新氛围日益深厚，科技创新工作取得显著成绩，科技创新主要考核指标位居浙江前列。

（一）浙江嘉兴分指数分析

根据长三角 G60 科创走廊高质量一体化发展指标体系，本研究测算了嘉兴的重要领域发展指数，具体如图 4－12 所示。总体而言，嘉兴在经济发展、科技创新、要素流动、产业集群、绿色发展、市场开放、社会民生等方面均呈现出增长的发展趋势，但各个领域发展速度有显著的差异。2019 年，在经济发展、科技创新、要素流动、产业集群、绿色发展、市场开放和社会民生各指数得分中，嘉兴市场开放指标得分为 131. 39，在九城市中表现较为突出；其次为科技创新、绿色发展和社会民生指标，得分情况分别为 154. 18、113. 18 和 79. 56。此外，经济发展得分为 113. 85，要素流动指标得分为 136. 92，产业集群指标得分为 112. 07（见图 4－13）。

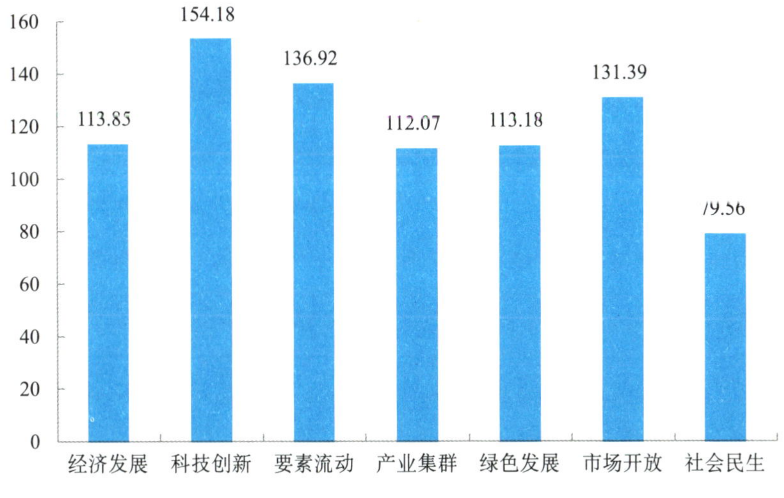

图 4－12　2019 年嘉兴高质量一体化发展指数

（二）浙江嘉兴主要指标情况

嘉兴作为最早加入 G60 "朋友圈" 的三个城市之一，积极响应、全面

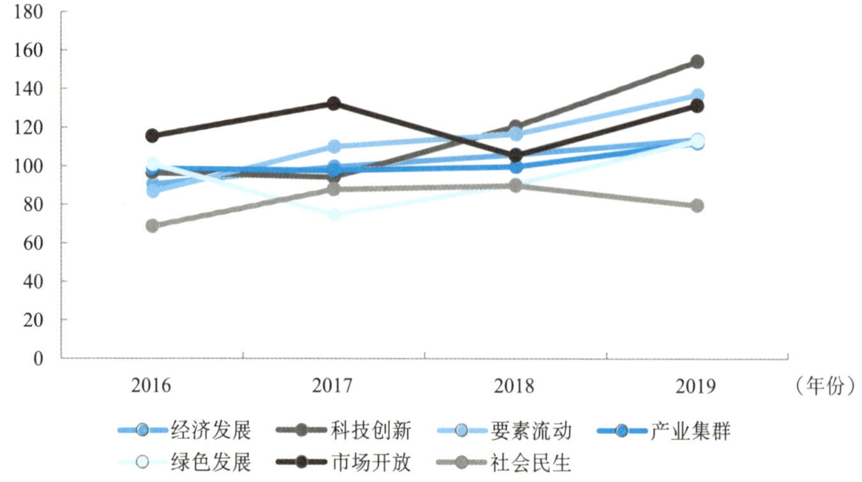

图 4－13　2016—2019 年嘉兴各指标得分趋势

参与科创走廊建设。嘉兴发挥资源禀赋优势，充分用好三省一市优势资源和区域一体化机制支撑，加快功能塑造，创新发展模式，以科技创新引领全面创新，吸引沪杭创新资源流动和高端产业转移，科技创新对经济转型升级的支撑和引领作用进一步增强。2016—2019 年，嘉兴高质量一体化发展成效表现较好，具体情况如下。

1. 外贸进出口贡献较高，科技创新综合实力强劲

从图 4－13 中可以看出，2016—2019 年，嘉兴经济发展指数呈逐年增加趋势，由 90.57 增长至 113.85，增长率为 25.7%。在经济发展指数构成中，对外贸易进出口和人均 GDP 指标对嘉兴经济发展总得分的贡献较高。从图 4－14 中可以看出，这两个指标的得分情况均表现为增长趋势，且 2018 年和 2019 年增长率较前几年明显提升。

2016—2019 年，嘉兴科技创新指数呈逐年增加趋势，由 96.41 增长至 154.18，增长率为 59.91%。在科技创新指数构成中，每万人有效发明专利、技术合同成交额占比、高新技术企业情况和规模以上工业企业新产品增利度对科技创新指数的贡献较高（见图 4－15），这与经济发展中规模以上工业企业利润总额指标表现较好的情况相吻合。2019 年，嘉兴的全社

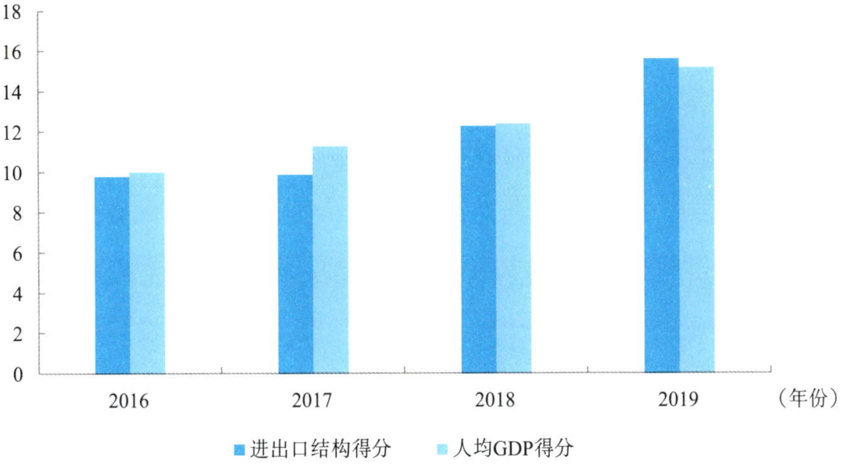

图 4－14　嘉兴进出口结构和人均 GDP 指标得分

会 R&D 经费支出、全社会科技投入、国家高新技术企业数量、发明专利授权量、高新技术产业增加值占规上工业增加值比重等关键指标均位列全省前列。国家级高新技术企业数量由 2017 年的 241 家快速增加至 2019 年的 523 家；2019 年，嘉兴新增省科技型中小企业首次突破千家，新认定浙江省高成长科技型中小企业 136 家；11 家企业入围浙江省高新技术企业百强榜，列全省第 3。在企业创新能力上，嘉兴万人发明专利达到 33.04 件，列全省第 4；嘉兴专利权质押融资登记额 33.4 亿元，列全省第 2，占全省总量的四分之一。

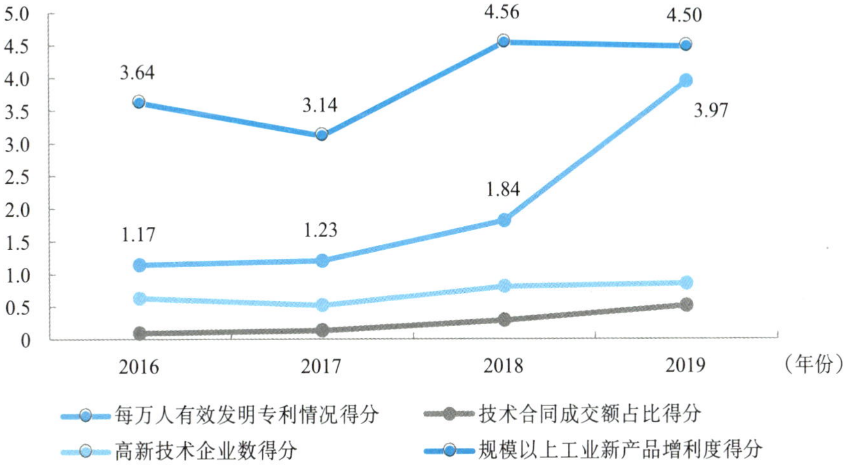

图 4－15　嘉兴科技创新指标情况

2. 要素流动高速增长，高端人才吸引力不断增强

2016—2019 年，嘉兴要素流动指数呈现 57.80% 的高速增长趋势。在要素流动指数的构成指标中，劳动力配置效率、资本配置效率、金融配置效率及技术要素流动强度的得分均表现较快增长，尤其劳动力配置效率和技术要素流动强度指标得分在 2018—2019 年增长速度显著提升（见图 4－16）。在具体发展方面，嘉兴以浙江清华长三角研究院落户为开端，十多年来，嘉兴已拥有各类创新平台载体 370 多个，R&D 占比 2.95%，居全省第 2，创新指数全省第 3、提升幅度全省第 2。特别是近两年，以"创新嘉兴"大会战为引领，以 G60 科创走廊为纽带，嘉兴先后引进中科院、中电科、军科院、浙大、同济等多个高层次平台，中高端人才净流入率排名全国第 4 位，成为全国人才流入最快的城市之一。

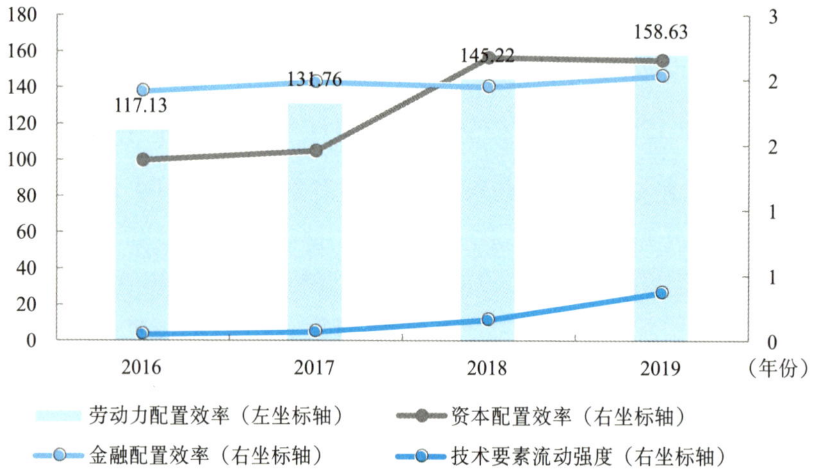

图 4－16　嘉兴要素流动情况

3. 高新技术产业集中，集群创新产品构成贡献度大

2016—2019 年，产业集群指数得分增长率达到 13.32%。在产业集群指数构成中，高新技术产业集中度、集群创新产品构成对总指数贡献最大，这两个指标在九城市中表现突出，从绝对值看，高新技术产业集中度基本维持在 1.45 的水平，集群创新产品构成维持在 0.38。此外，产业结构升级

的得分逐年稳步上升，表现为对产业集群指数的正贡献。规模以上工业总产值占比的得分虽有所下调，但贡献度依然保持高位（见图 4－17）。

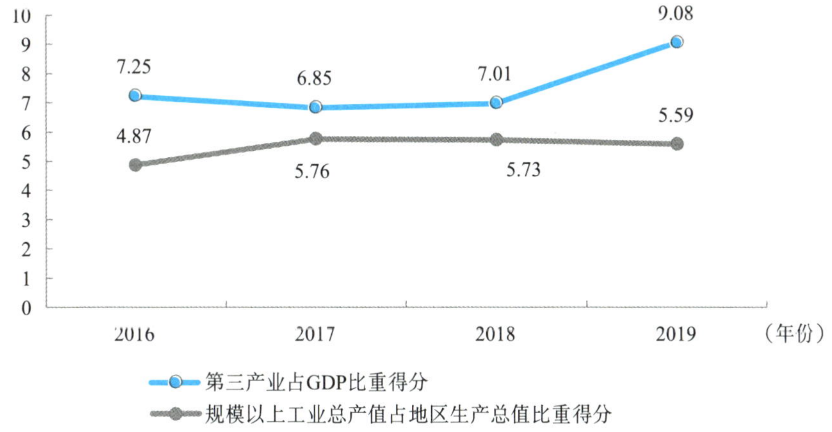

图 4－17　嘉兴产业发展情况

4. 环境治理效果较好，技术专利水平推动绿色发展

2016—2019 年，绿色发展指数得分增长率为 11.87%。在绿色发展指数构成中，单位 GDP 能耗、PM2.5 平均浓度和人均绿色专利数对该指数最终得分的贡献逐年提升。尤其是 PM2.5 平均浓度得分 2018 年之后明显上升，该指标为逆指标，表现为 PM2.5 治理强度和治理效果的提升对绿色发展指数总体得分贡献提高（见图 4－18）。

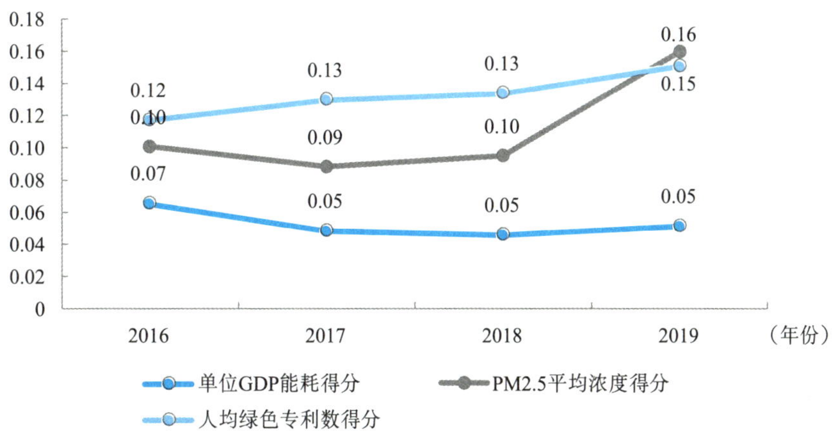

图 4－18　嘉兴绿色发展情况

5. 市场开放力度增强，外资利用促进产业合作

2016—2019 年，嘉兴市场开放指数得分增长率为 13.87%。在市场开放指数构成中，外资持股上市企业占比得分在 2019 年略有下滑；外资开放度对市场开放指数的贡献较高，2018—2019 年出现明显上升；货币市场开放程度得分在 2018 年略有下滑后迅速回升（见图 4－19）。截至 2020 年 10 月，“十三五”期间嘉兴累计新批外商投资项目 1592 个，实际利用外资 156.5 亿美元，每年实际利用外资均创新高，均稳定保持浙江前三位，全市引进世界 500 强、国际行业领先企业和总投资（增资）超亿美元项目 310 个。截至 2020 年 10 月，74 家世界 500 强企业在嘉兴投资项目 120 个。

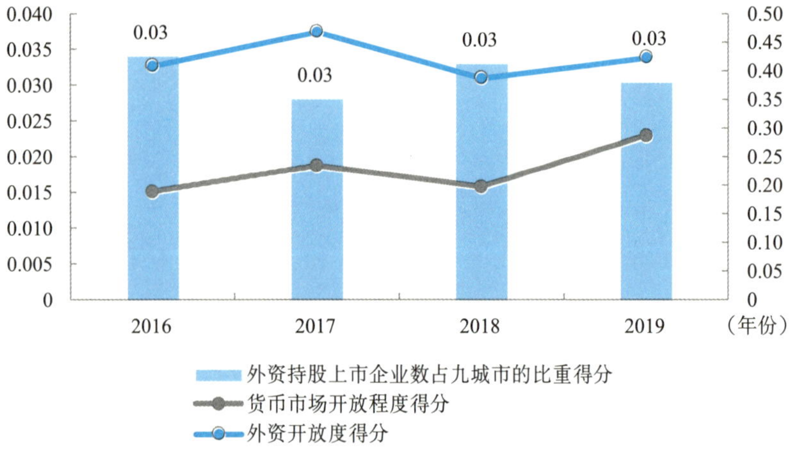

图 4－19 嘉兴对外开放情况

（三）浙江嘉兴特色发展情况

1. 依托高新产业园区为载体，加快经济转型升级

嘉兴以国家级嘉兴秀洲高新园区、中新嘉善现代产业园、上海自贸区嘉善项目协作区、张江平湖科技产业合作园为载体，发展新能源汽车、集成电路、高端装备、新能源、新材料、生物医药等特色产业（见表 4－3）。秀洲国家高新区是嘉兴第一家国家高新区。目前，秀洲国家高新区已成为

嘉兴经济转型升级的重要基地、最具创新能力和最富活力的新经济增长点。中新嘉善现代产业园项目是中新集团在苏州工业园区、苏通科技园区、苏滁现代产业园等产城融合项目之后的又一个大型产城融合项目。按照“以产为主、产城融合”的发展理念，通过完善功能配套、吸引高端人才、招引龙头企业，力争到2025年，形成千亿级智能传感产业集群，努力建设成为“青林绿水、轻松生活、清新低碳”的产城融合示范区，打造成为长三角一体化高质量发展的合作典范。

表4－3　　嘉兴优势产业分布情况

载体	优势产业
1. 国家级嘉兴秀洲高新园区 2. 中新嘉善现代产业园 3. 上海自贸区嘉善项目协作区 4. 张江平湖科技产业合作园	新能源汽车、集成电路、高端装备、新能源、新材料、生物医药

依托中国归谷嘉善科技园，围绕长三角G60科创走廊重点产业领域的创新资源集聚、创新要素激励、创新成果转化等要素，积极创建G60科创走廊科技成果转移转化示范基地一体化发展平台。中国归谷嘉善科技园位于长三角生态绿色一体化发展示范区嘉善片区的核心位置，园区规划总面积3.04平方公里，包含智能制造区、智能配套区、研发社区、海归家园等板块，重点打造以健康医疗和人工智能为特色产业的示范基地，形成创新科技要素集聚、关键技术研发、成果转移转化、高端人才引育、基金融资等深度融合的协同创新平台，并由点及面不断完善产学研链条，最终形成以平台载体搭建为基础、以协同创新为目标、以创新资源整合为特色的国内重要科技成果转移转化示范基地。

2. 突出先进制造业的核心地位，促进优势产业更快发展

嘉兴大力发展计算机、通信和其他电子设备制造业、电子信息机电制

造业、专用电子设备制造业。如图 4－20 所示，2017 年计算机、通信和其他电子设备制造业产值为4117.56 亿元；2018 年增长至6089.74 亿元；2019年为 8193.95 亿元，与 2017 年相比增长 99%。

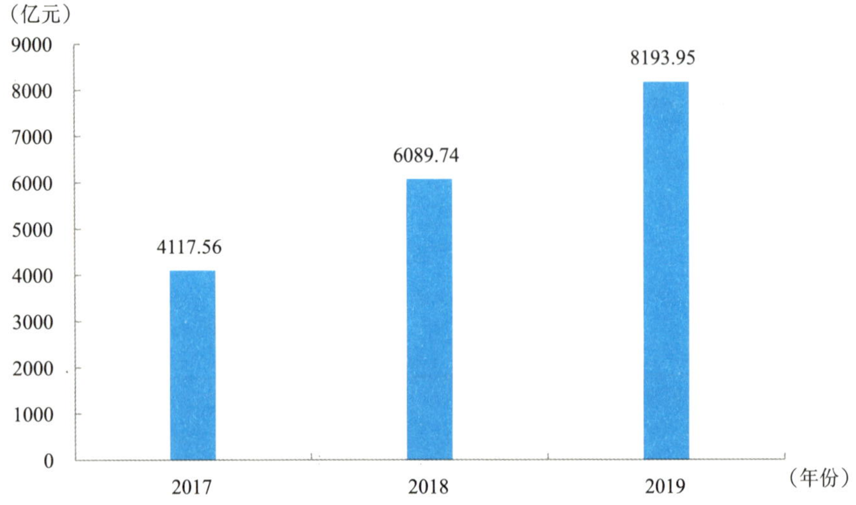

图 4－20　嘉兴计算机、通信和其他电子设备制造业产值

如图 4－21 所示，嘉兴 2017 年实现电子信息机电制造业产值 7151.29 亿元，2018 年为 5290.66 亿元，同比有所下降；但 2019 年增长至 6542.49 亿元，同比增长 23.66%。

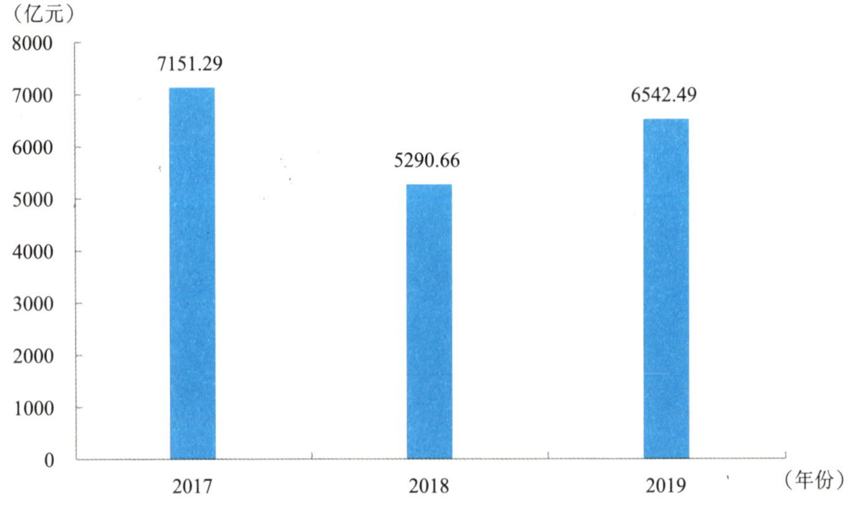

图 4－21　嘉兴电子信息机电制造业产值

如图 4－22 所示，嘉兴专用电子设备制造业增长趋势十分显著，2017 年实现产值 514.77 亿元，2018 年增至 901.41 亿元，增长率为 75%；2019 年的产值攀升至 1429.09 亿元，与 2016 年相比，实现 177.62% 的高速增长。

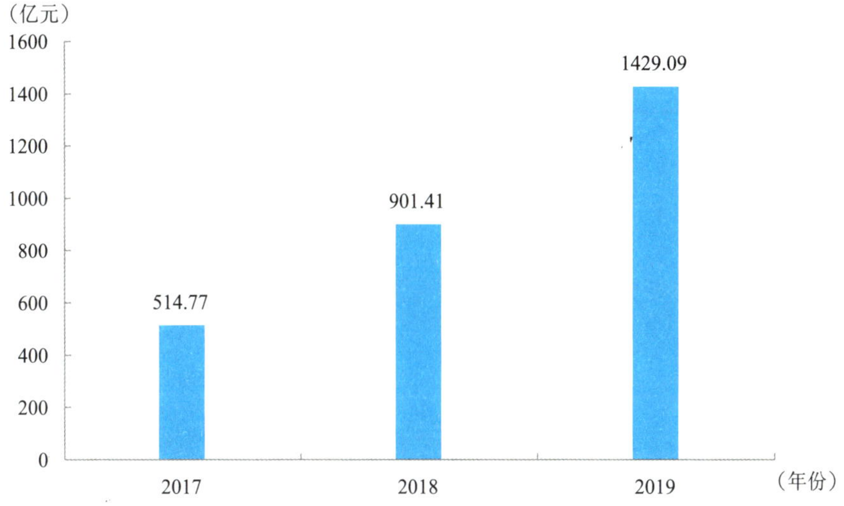

图 4－22　嘉兴专用电子设备制造业产值

3. 以共建示范区为契机，创新政策举措营造良好环境

为将长三角生态绿色一体化发展示范区嘉善片区（以下简称嘉善片区）建设成为新时代全面展示中国特色社会主义制度优越性示范区，2020 年 7 月出台《嘉兴市关于支持共建长三角生态绿色一体化发展示范区的政策意见》，全力支持长三角生态绿色一体化发展示范区嘉善片区建设。人才是科技创新发展的基石，创新人才政策促进人才发展。嘉兴发布《关于建设高素质强大人才队伍和高水平创新型城市，打造面向未来创新活力新城的决定》，提出把人才强市、创新强市作为推进高质量发展的核心支撑，打造"重要窗口"中"最精彩板块"。为贯彻落实习近平总书记在 2018 年首届中国国际进口博览会开幕式上关于"支持长江三角洲区域一体化发展并上升为国家战略"的指示精神，按照国务院关于加快推进全国一体化在线政务服务平台建设的部署要求，设立线上专栏和线下专窗，优化 G60 科创走廊营商环境，降低制度性交易成本，推动长三角地区更高质量一体化发展，

专门制定《长三角 G60 科创走廊“一网通办”专窗管理规范》，规范长三角 G60 科创走廊“一网通办”专窗服务工作，保障和提升服务质量。

综合而言，作为 G60 科创走廊上的关键一环，嘉兴坚持把创新作为引领发展的第一动力，加强资金、技术和人才等要素流动，围绕产业集聚和政策集成，促进产业集群和园区平台发展软环境的改善，积极营造市场开放的良好环境，以期真正建设成为创新活力竞相迸发、创新源泉不断涌现、创新能力强劲、创新成效突出的科技创新创业带中的重要枢纽。

三、浙江杭州篇

杭州，简称“杭”，古称临安、钱塘，是浙江省省会，位于中国长江三角洲南翼，杭州湾西端，钱塘江下游，京杭大运河南端，是长江三角洲重要中心城市和中国东南部交通枢纽。作为浙江省会城市的杭州，在设施互通、创新协同、产业共兴和改革联动 4 个方面，积极参与 G60 科创走廊建设。近年来，杭州坚决贯彻落实省委省政府数字经济“一号工程”决策部署，围绕打造“全国数字经济第一城”目标，开拓创新、抢抓机遇，全面推进“三化融合”，争当国家数字经济创新发展试验区建设排头兵，取得了突出的成效。杭州聚焦数字产业化、产业数字化、城市数字化“三化融合”，涌现了之江实验室、西湖大学、阿里达摩院等重大创新平台，壮大了云计算、大数据、物联网、人工智能等优势产业，培育了集成电路等基础产业，谋划发展了量子通信、区块链等一批未来产业，加快推进了 5G、数据中心、大科学装置等新基建项目，进一步强化数字赋能，为大城市治理数字化提供了杭州方案。自加入长三角 G60 科创走廊以来，杭州积极推进产业化和基础研究双轮驱动，加大与松江、苏州、合肥等长三角 G60 科创走廊沿线城市合作，携手共育人工智能、区块链、生物医药等未来产业，建设航空航天、生物医药等特色产业群，促进重大投资项目，在长三角 G60 科创走廊沿线协同布局，

加强九城市之间产业链、价值链的上下游合作，携手打造世界级的产业集群。

（一）浙江杭州分指数分析

根据长三角G60科创走廊高质量一体化发展评价指标体系，本研究测算了杭州各领域的发展指数，具体如图4－23所示。总体来看，杭州在经济发展、科技创新、要素流动、产业集群等方面呈现增长趋势，2019年指数分别达到了156.93、161.29、204.77和125.36，发展成效十分显著。其中，2019年科技创新指数和要素流动指数取得重大突破，在长三角G60科创走廊中起到了引领和示范作用。2016—2019年，杭州的绿色发展指数、市场开放指数和社会民生指数略有下降，但绿色发展和市场开放指数2019年开始回升，分别为120.65和107.48。

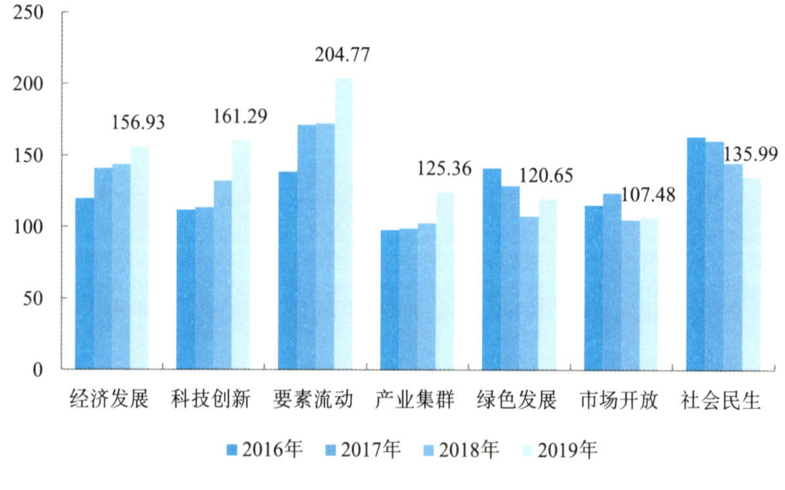

图4－23　杭州各领域发展指数

（二）浙江杭州主要指标情况

作为长三角的核心城市之一，杭州坚持大视野定位、前瞻性谋划、高质量推动，准确把握杭州在进入新发展阶段，特别是国际形势变化、数字化变革、城市形态演化等带来的机遇挑战。“十三五”期间，杭州抢抓新一轮科技和产业革命的风口，着力打造数字赋能、三化融合的智慧之城；发挥内畅外联的区位优势，着力打造交通先导、轨道互通的枢纽之城；秉持绿水青山就是金山银山的理念，着力打造山清水秀、亲近自然的田园之城；弘扬新时代创业创新精神，着力打造承载历史、托举未来的人文之城，经济发展和社会建设取得新成就，具体体现在以下几个方面。

1. 经济发展稳中有进，人民生活水平不断提高

2019 年，杭州经济发展稳中有进。实现地区生产总值 15373.05 亿元，增长 6.8%，高于全国 0.7 个百分点。常住人口人均生产总值 15.52 万元，按年均汇率折算，为 22102 美元，按世界银行最新标准，达到高收入国家水平。

经济惠民程度不断提高，人民生活不断改善。对比 2016—2019 年经济发展主要指标发现，杭州的城镇居民人均可支配收入和人均 GDP 均逐年增长。如图 4 - 24 所示，2016—2019 年，杭州常住人口人均 GDP 分别为 12.86 万元、14.11 万元、14.85 万元和 15.25 万元，城镇居民人均可支配收入分别为 5.22 万元、5.63 万元、6.12 万元和 6.61 万元。

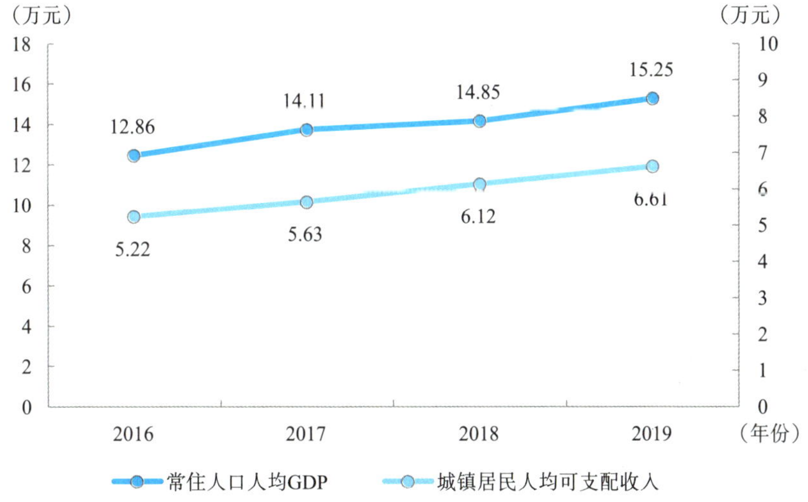

图 4 - 24　杭州人均 GDP 和城镇居民人均可支配收入

2. 科技创新成效显著，科创产出硕果累累

曾经孕育出了阿里巴巴这个互联网巨头的杭州，如今正在用科技创新重新诠释这座千年古城。如图 4 - 25 所示，杭州在 2016—2019 年科技创新

得分均超过 G60 平均水平。2016 年，杭州得分为 112.54，高于 G60 平均水平 12.54 个百分点；2017 年得分上升为 114.25；2018 年得分为 133.05，同比增长 16.45%；2019 年得分为 161.29，同比增长 21.22%，增幅明显。

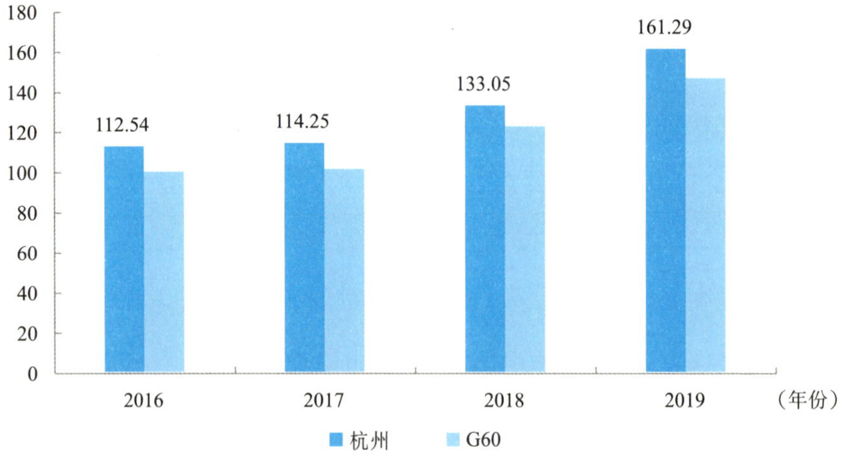

图 4－25　杭州科技创新指数得分

杭州各项科技创新数据均表现良好。2019 年，杭州全年发明专利申请量和发明专利授权量分别为 43356 件和 11748 件，增长 18.7% 和 14.4%。累计拥有市级以上企业技术中心 749 家，其中国家级 42 家；国家技术创新示范企业 11 家，省级技术创新示范企业 11 家；科技企业孵化器 178 家，其中国家级 41 家，省级 92 家；众创空间 180 家，其中省级 132 家。全年签订技术合同总量 15612 项、501.1 亿元，分别增长 12.7% 和 31.8%。全年 R&D 经费支出占地区生产总值比重 3.4% 左右。财政一般公共预算支出中科技支出 148.2 亿元，增长 25.4%。

（三）浙江杭州特色发展情况

1. 数字经济核心产业赋能经济发展

杭州积极抢抓数字经济发展的时间窗口，推进先进制造业与现代服务业深度融合，打造具有全球影响力的“互联网＋”创业创新中心，加快建设“全国数字经济第一城”。数字经济已成为杭州转型发展的主动力，经济增长的“压舱石”。

2018 年，杭州数字经济核心产业增加值 3356 亿元，增长 15%，占 GDP 的 24.8%。电子商务产业增加值 1529 亿元，增长 17.5%；软件与信息服务产业增加值 2508 亿元，增长 17%；数字内容产业增加值 2098 亿元，增长 15.8%。

2019 年，杭州数字经济持续引领。数字经济核心产业增加值 3795 亿元（见图 4－26），增长 15.1%，高于 GDP 增速 8.3 个百分点，占 GDP 的 24.7%。数字内容、软件与信息服务和电子商务分别增长 16.3%、15.7% 和 14.6%。6 家企业上榜全国电子百强企业，阿里云、海康威视、大华技术、宇视科技等龙头企业市场占有率位居全球前列，supET 工业互联网创新中心列入国家级跨行业、跨领域基础性平台。

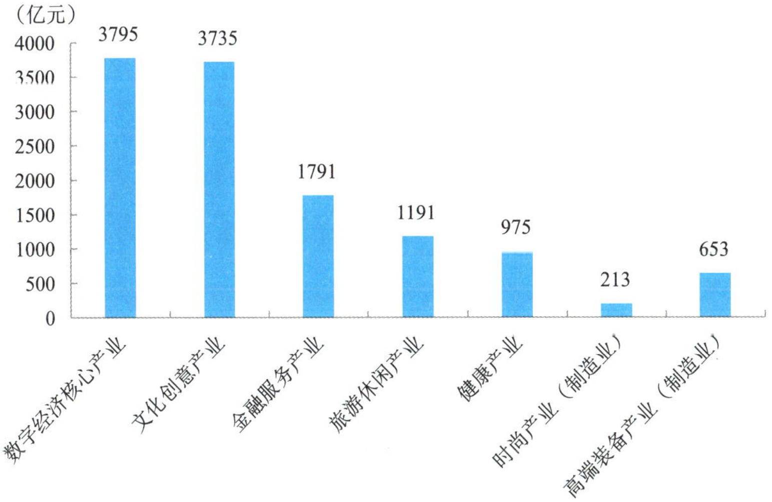

图 4－26　杭州各特色产业增加值

2. 文化创意产业逆势上扬，推动产业高质量发展

近年来，国家大力推动文创产业发展，完善现代文化市场体系，推进文创领域产融结合，从制度改革、政策引导等层面推进文创产业积极健康发展。

杭州的文化创意产业发达，文化创意产业集聚区有 11 个，分别为西湖创意谷、之江文化创意园、西湖数字娱乐产业园、运河天地文化创意园、杭州创新创业新天地、创意良渚基地、西溪创意产业园、湘湖文化创意产业园、白马湖生态创意城、浙江省国家大学科技园、杭州国家动画产业基地。2016—2019年，杭州文化创意产业增加值分别为2542亿元、3041亿元、3347亿元、3735亿元（见图4-26），平均增速达到13.76%。

2020年上半年，尽管受到新冠肺炎疫情的影响，但杭州积极实施创新举措，扎实推进各项工作，有效推动了全市文化产业向好发展，整体呈现出较强的发展韧劲和潜力，尤其是以数字化为特色的文化产业领域更是实现逆势上扬，成为引领带动产业发展的重要增长点。整个上半年，杭州文化创意产业实现增加值1092亿元，占GDP比重的14.8%，增速达7.3%。规上文化经营效益总体向好，全市1419家规上文化企业2020年1—6月主营业务收入为3303亿元，实现利润552亿元，利润增速为36.9%。

3. 软件与信息服务产业蓬勃发展，支撑数字经济成为全市经济高质量发展主引擎

信息服务与软件业是现代服务业的重要内容之一。随着新一轮科技革命与产业变革不断深入，我国软件与信息服务业快速发展，软件的服务化、平台化、融合带动作用日趋明显，对国民经济各领域的赋能、赋值、赋智作用日益突出，是我国基础性、战略性、先导性产业。

加快发展信息服务与软件业，是落实科学发展观的需要，是转变经济增长方式的需要，也是调整产业结构、实现产业升级的需要。近年来，杭州大力推进软件与信息服务业发展，取得了明显成效。从建设“天堂硅谷”到打造“全国数字经济第一城”，杭州一直以发展软件和信息服务业作为“一把手”工程。

2016—2019年，杭州软件和信息服务业蓬勃发展，产业增加值分别为1869亿元、2318亿元、2508亿元和2889亿元，信息软件产业在数字经济核心产业中的首位度持续增强，支撑数字经济成为全市经济高质量发展主引擎。与此同时，杭州积极推动数字经济和制造业融合发展，软件龙头骨干企业深度参与制造业数字化改造，积极为制造业“赋能赋智”实现融合发展，2019年全市两化融合指数达105.29，连续7年蝉联浙江省第1。

四、浙江金华篇

金华，古称婺州，至今已有1800多年的历史。现辖婺城、金东两个区，兰溪、东阳、义乌、永康4个县级市，浦江、武义、磐安3个县，总面积1.09万平方公里，人口530余万。金华位于浙江省中部，地处中国长三角经济区和海峡西岸经济区的重要节点，是闽浙赣皖四省九市经济协作区的“龙头”和中国华东地区商贸物流重要枢纽，境内8条高速公路、5条铁路贯穿其中，距义乌机场、杭州萧山国际机场约20分钟和60分钟的车程。金华自然环境优美，人文底蕴深厚，投资环境优越。双龙风景区等国家级风景区景色宜人，金华火腿享誉世界，艾青、黄宾虹等名人辈出，是国家历史文化名城、中国十佳宜居城市、全国卫生城市，是浙江和长三角最具发展活力和潜力的地区之一。金华昔称“百工之乡”。早在新石器时代，境内已有陶器生产。唐、宋渐趋发达的陶瓷、丝织、印刷、棉纺、铁器、造纸、五金、铸造等业，至明、清发展成为多种手工业工场。金、石、泥、木、竹、棕、织、酿，百工争巧；瓷、陶、纸、油、布、绸、糖、酒，万商云集。“十三五”期间，金华全市工业经济综合实力稳步提升，在创新体系建设、产业集群培育、产业数字化转型、园区整合提升、绿色集约等方面成

效显著，金华现代五金产业集群被列入2020年国家级先进制造业集群培育名单，为“十四五”工业经济高质量发展打下坚实基础。金华处于G60沪昆通道上，自2018年加入长三角G60科创走廊以来，积极融入G60科创走廊建设，组建了第一个长三角G60新材料产业技术创新联盟，打造了第一个长三角高校院所协同创新联盟，设立了第一个长三角G60国际院士创新中心，打造了第一批长三角G60科技成果转化示范基地。

（一）浙江金华分指数分析

从总指数看（见图4－27），金华G60高质量一体化指数呈逐年上升趋势，2019年的总评指数为93.46，同比上升15.53%，较2016年的74.01上升26.29%。

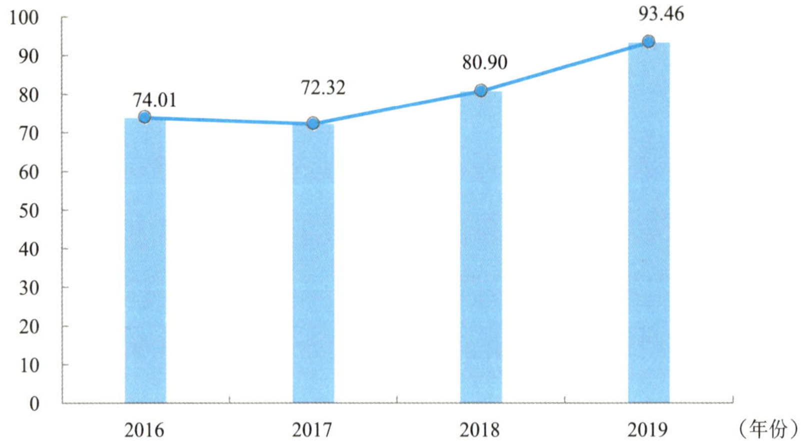

图4－27　金华G60高质量一体化发展指数

从各项分指数看（见图4－28），2019年，金华的绿色发展指数和产业集群指数在G60九个城市中名列前茅。2016—2019年，各项分指数总体呈现向好趋势，其中经济发展、产业集群和科技创新指数逐年攀升。

（二）浙江金华主要指标情况

金华工业经济综合实力强，在创新体系建设、产业集群培育、产业数字化转型、园区整合提升、绿色集约等方面成效显著，社会民生稳步推进，

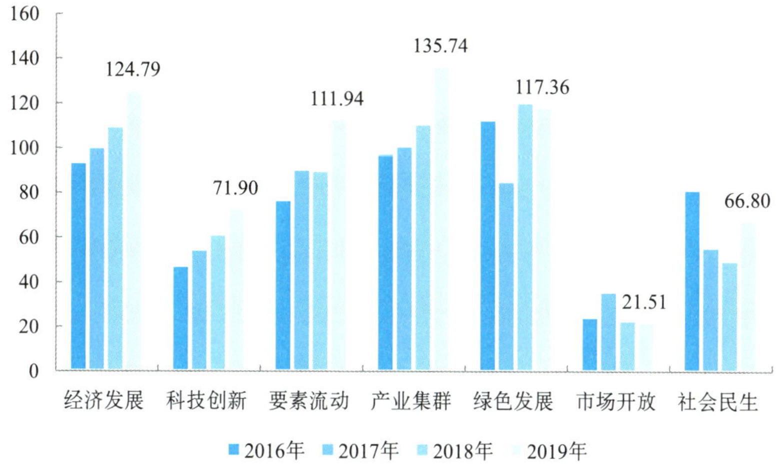

图 4－28　金华长三角高质量一体化发展分指数情况

积极融入长三角一体化高质量发展，体现在金华经济社会发展各个方面，具体如下。

1. 经济发展外贸依存度高，产业结构调整步伐加快

在经济发展指数中，2016—2019 年，金华的外贸依存度得分在九城市中仅次于松江和苏州，位列第 3，2019 年的外贸依存度达到了 92.51%。据金华海关统计，2019 年金华共实现外贸进出口总值 4218.5 亿元人民币，位列浙江省第 3，同比增长 11.9%；其中，出口 4033.8 亿元，位列浙江省第 2，增长 10.3%。

2019 年的产业结构高级化程度（第三产业产值/第二产业产值）在九城市中表现突出，2019 年产业结构调整步伐显著加快（见图 4－29）。

2. 城镇居民收入稳步增长，城乡居民收入差距缩小

在社会民生指数中，2016—2019 年的城镇居民人均可支配收入得分排名靠前。城镇居民收入实现稳步增长，消费水平继续提高，居民生活品质进一步提升。2019 年，金华城镇居民人均可支配收入 59348 元，同比增长 8.1%（见图 4－30）；全市城镇常住居民人均生活消费支出 37166 元，同比增长 7.7%，其中人均教育文化娱乐消费支出 4075 元，增长 15%。从 1986

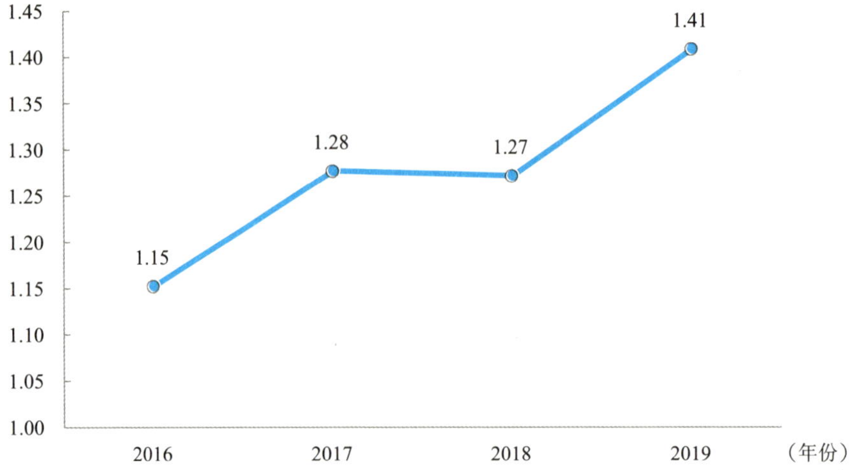

图 4－29　金华产业结构高级化程度情况

年到 2019 年，金华人均储蓄从不到 15 元增长到 9.6 万元，居浙江省第 2 位；每 2.7 人拥有一辆私家车，居浙江省第 1 位。2016—2019 年，金华的人均执业（助理）医师得分在九城市中位列前茅。

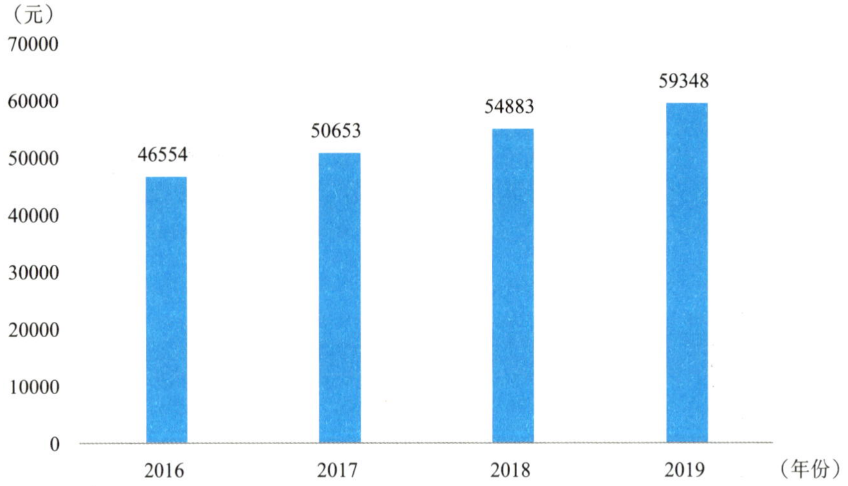

图 4－30　金华城镇居民人均可支配收入情况

在均衡发展指数中，金华的城镇化率逐年提升，2019 年城镇化率为 68.7%，同比上升 1 个百分点。城乡居民人均收入比缩小至 2.08∶1，城乡一体化发展提速。

3. 产业集群竞争优势明显，绿色发展取得积极成效

在科技创新指数中，金华的规模以上工业新产品增利度得分在九城市中名列前茅。在要素流动指数中，金华的金融配置效率得分和直接融资占长三角的比重得分排名较为靠前。

在产业集群指数中，2016—2019 年，金华的园区联盟数量得分排名保持第 2。目前，金华已经形成年产值超百亿元的产业集群 16 个，国家级产业基地 29 个，年成交额超亿元市场 91 家。其中，金华现代五金产业集群是国家级先进制造业集群，2019 年实现销售收入 1650 亿元，占全国五金产业规模比重为 17.8%，五金企业近万家，其中规上企业 1400 余家，细分产业领域竞争优势明显，保温杯（壶）、园林工具、电动工具、手工工具等产量和出口量居全球第 1。

在绿色发展指数中，金华的 PM2.5 指标得分从 2016 年和 2017 年的第 2 名上升到 2018 年和 2019 年的第 1 名，城市空气质量优良率得分 4 年均保持第 2，2019 年城市空气质量优良率为 88.8%，同比提升 4.4 个百分点（见图 4－31）。

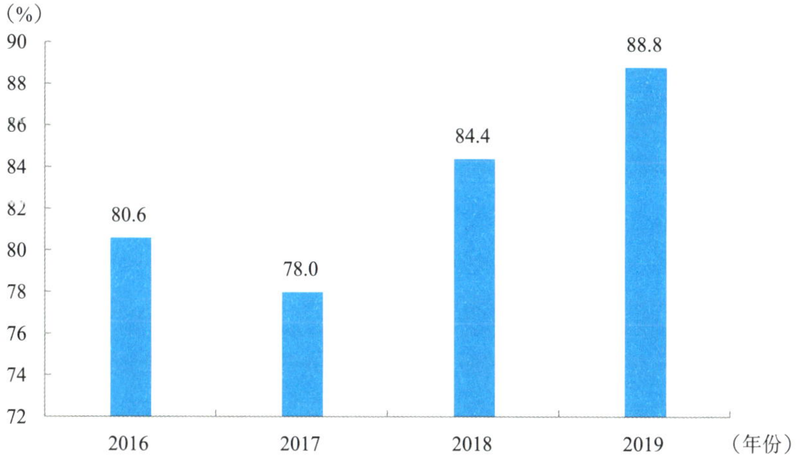

图 4－31　金华城市空气质量优良率情况

（三）浙江金华特色发展情况

从指数指标情况看，金华的绿色发展指数表现优异，第三产业占比、金融配置效率、城镇居民人均可支配收入、人均医师数排名靠前，外贸依

存度高。工业经济综合实力稳步提升，在创新体系建设、产业集群培育、产业数字化转型、园区整合提升、绿色集约等方面成效显著，金华现代五金产业集群被列入国家级先进制造业集群培育名单。

1. “创新强市”调结构，助力金华经济高质量发展

第一，产业结构调整成效显现。改革开放以来，驱动金华经济高速增长的出口市场等因素得到了充分释放，但近年来内部约束经济增长的资源压力在加大，外部限制出口产业部门增长的国际因素在增强。为此，金华正在加快产业结构调整，从以农业为主向以农业为基础、先进制造业和现代服务业“双轮驱动”转变，实现经济增长与结构调整的相互推动。市场主体进一步发展壮大，截至 2019 年底，金华共有规上工业企业 4398 家，其中超亿元以上企业 839 家，拥有隐形冠军（培育）企业 112 家。

在传统特色产业方面（见图 4－32），三大特色产业为金属制品业、纺织业，以及电器机械和器材制造业。2019 年，产值分别为 584. 95 亿元、366. 49 亿元及 247. 14 亿元人民币。其中，纺织业产值下降显著，2016 年的产值 620. 51 亿元位居三大特色产业之首，至 2019 年已萎缩 40. 94%。目前，金华纺织行业正在进行智能制造转型，纺织企业从拼设备开始逐步转向系统化与数字化经营。

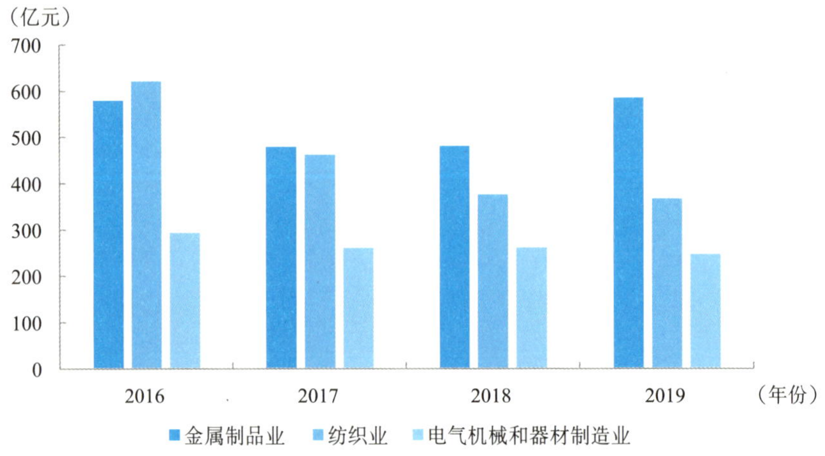

图 4－32　金华三大特色产业产值情况

在战略性新兴产业等方面（见表4－4），2019年，金华战略性新兴产业、高新技术产业、高端装备制造业增加值分别同比增长7.8%、7.6%、12.6%，占规上工业增加值比重分别达到18.9%、48.2%、13.4%。在规模以上工业战略性新兴产业中，新材料产业、生物产业和新能源产业的产值占比分别为29.74%、20.38%、14.79%。

表4－4　金华规模以上工业战略性新兴产业结构情况

名称	2018年产值（亿元）	2018年占比（%）	2019年产值（亿元）	2019年占比（%）
节能环保产业	81.04	13.49	85.29	11.95
新一代信息技术产业	109.39	18.21	66.75	9.35
生物产业	129.1	21.49	145.45	20.38
高端装备制造业	22.09	3.68	36.94	5.18
新能源产业	41.22	6.86	105.6	14.79
新材料产业	172.13	28.65	212.28	29.74
新能源汽车	45.87	7.63	61.49	8.61

在传统优势领域——外贸领域，市场采购推动金华出口稳定增长，新兴市场开拓成效进一步提升，民营企业保持第一大外贸主体地位。2019年，金华以市场采购贸易方式出口2324.9亿元，增长14.1%，占同期全市出口总值的57.6%；对沿线国家出口1728.5亿元，增长10%；民营企业全年进出口总值达4096.4亿元，增长11.9%，占全市总值的97.1%；出口机电产品1615.3亿元，增长12.3%，占全市出口总值的40%；出口太阳能电池38.2亿元，增长47.6%。

第二，“创新强市”战略稳步实施。区域经济活力的源泉在于以知识创造和扩散为核心的学习创新，金华在其所拥有的众多具有较强创新能力的企业的基础上，注重通过制度和平台建设，强化对企业间合作与创新的支持。2019年，规上工业企业研发经费支出占营业收入比重为2.3%，新产品产值率达到34.2%，新产品增利度在长三角G60科创走廊九城市中名列前茅；累计建成院士工作站35家、高新技术企业990家、省级及以上企业技术中心90家。建成了一批重大创新载体，如G60科创走廊新材料产业技术创新联盟；金华科技城建设稳步推进，浙大网新科技产业孵化园开园运营；永康五金等6家产业创新服务综合体列入省级创建与培育名单。

2. 聚焦民众获得感，推动民生福祉达到新水平

各项民生指标名列前茅。金华在经济高质量发展的同时，以一系列改善民生福祉、提高社会建设水平的新举措，回应人民群众对美好生活的新期待。金华的绿色发展指数表现优异，城镇居民人均可支配收入、人均医师数排名靠前。金华的空气质量在长三角41个城市并列第6名；金华江河干流断面水质并列全省第1，六捧“五水共治”“大禹鼎”；金华连续14年被浙江省授予“平安市”的荣誉称号；全市居民主要健康指标达到了中高收入国家水平。同时，金华的住户储蓄存款在浙江仅次于杭州、温州和宁波。

精神文明建设成果显著。金华一方面开展“五水共治”、轨道交通建设、老旧小区改造等项目，解决吃住行游等一批民生问题，老百姓享受到实实在在好处；另一方面，以学习创新提升城市治理水平，围绕“最多跑一次”改革，打造“无证明城市”，取消证明事项4052项，群众满意度达99.99%，推出民情民访代办制，代办事项6.4万余件，办结率97.7%。2020年，金华以全国地级市第3的成绩创成“全国文明城市”，下辖的义乌也获县级市“全国文明城市”的荣誉称号。此外，还有13个村镇获评全国文明村镇、8家单位获评全国文明单位、3所学校获评全国文明校园、1户家庭获评全国文明家庭、1家单位荣获全国未成年人思想道德建设工作先进单位。上述成果充分反映了金华的城市综合管理水平、民众的获得感与幸福感。

3. 积极融入长三角，扩大长三角G60科创走廊的辐射效应

积极推进长三角G60科创走廊要素对接。金华注重发挥长三角G60科

创走廊要素对接品牌效应，深化区域合作创新，推进共建共享共融。2020年，金华成立了长三角 G60 科技成果转移转化示范基地（金华），基地将整合长三角 G60 金义科创廊道办、中国·金华工业科技合作洽谈会、大院名校金华技术转移中心、金华科技大市场优势资源，融入全球科创路演中心、海内外人才创新创业平台，发挥金华信息经济产业园综合资源优势，推动科技创新人才、先进成果等创新资源向金华示范基地集聚，增强金华运用长三角，甚至全球创新资源的能力。

以 G60 走廊推动县域经济向都市圈经济的转型。一是金华强化交通枢纽功能，有助于发挥 G60 走廊的辐射效应。2018 年，金华与其他 8 个城市共同签订共建 G60 科创走廊的战略合作协议，加强协同创新推进。2019 年，金华加快机场项目、金甬铁路、杭温高铁、金建铁路、金台铁路、金义东市域轨道交通建设，交通枢纽功能有望得到较大提升，进而有助于进一步发挥 G60 科创走廊的辐射效应。二是金华推动所辖县市积极入廊，金义科创廊道快速融入 G60 走廊，实现市场对接、制度对接和产学研对接。例如，武义县与上海市教委科技发展中心签订战略合作协议，与上海第二工业大学签订了共建研究院的协议等。

拓展 G60 走廊和义甬舟开放大通道的向西辐射功能。作为 G60 走廊西南末端的城市，金华正在借助其与宁波和舟山共建的义甬舟开放大通道，努力实现陆海联动向西辐射的目标，以综合交通、港航物流、国际贸易、数字经济等为重点，加强与江西、安徽、湖南、湖北、福建等区域的合作，在产业链和商品链的互动中，开展技术、制度和组织上的创新，扩大科创走廊的对西辐射功能。

总体而言，金华作为长三角 G60 科创走廊最偏西南的城市，主动作为，积极融入，大力开展平台建设，精心培育创新主体，充分利用创新资源，以创新和转型助力经济高质量发展，以提升民众获得感推动民生福祉达到新水平，同时发挥自身产业和区位优势，拓展 G60 科创走廊对都市圈的带动作用，以及对走廊延伸地区的辐射功能。下一步，金华可在建设交通枢纽的基础上强化商贸服务枢纽建设，进一步强化金义廊道与G60科创走廊的融合发展，在用好包括支持创新、培育企业家精神、吸引投资，以及升级基础设施在内的政策工具箱的基础上，继续探索跨区域，甚至跨国界的制度和组织创新，更好地发挥G60走廊对浙西及皖赣湘鄂等中部省份的辐射效应，力争实现长三角乃至沿长江南岸的一体化高质量发展，努力成为以国内大循环为主体、国内国际双循环相互促进的新发展格局中的关键节点。

五、 江苏苏州篇

苏州，简称“苏”，古称姑苏、平江，是江苏省地级市，位于长江三角洲中部、江苏省东南部，东傍上海，南接浙江，西抱太湖，北依长江，总面积 8657.32 平方公里，是长三角 G60 科创走廊中心城市之一、国家高新技术产业基地和风景旅游城市。苏州始建于公元前 514 年，距今已 2500 多年历史，目前仍坐落在春秋时代的位置上，基本保持着“水陆并行、河街相邻”的双棋盘格局，以“小桥流水、粉墙黛瓦、史迹名园”为独特风貌，是全国首批 24 个历史文化名城之一。全市现有文物保护单位 870 处，其中国家级 61 处、省级 127 处。苏州是全国重点旅游城市。平江、山塘历史街区分别被评为中国历史文化名街和中国最受欢迎的旅游历史文化名街。现有保存完好的苏州园林 60 余个，拙政园、留园、网师园、环秀山庄、沧浪亭、狮子林、艺圃、耦园、退思园 9 个古典园林被联合国列入《世界文化遗产名录》。虎丘、盘门、灵岩山、天平山、虞山等都是著名的风景名胜。太湖绝大部分景点、景区分布在苏州境内。2018 年，G60 科创走廊第一次联席会议召开，苏州等其他 6 座城市同时加入，G60 科创走廊迈向 3.0 版

本，从城市战略上升到长三角区域战略。苏州正在突出创新引领，提升产业核心竞争力，建设更高水平的创新之城；深化改革开放，激活发展新动能，依托五大园区，发展生物医药、高端装备、智能制造、互联网+、集成电路等优势产业，形成三个重要的产业联盟，建设更高水平的开放之城；落实国家战略，主动融入长三角一体化，打造长三角重要中心城市，为建设世界级城市群做出重要贡献。

（一）江苏苏州分指数分析

2019 年，苏州高质量一体化发展指数总体表现优异，科技创新、要素流动和社会民生呈连年增长趋势，在九城市中名列前茅。与 2016 年相比，科技创新指数增速迅猛，实现 41.82% 的增长率，体现了苏州围绕科技创新关键环节和领域实施突破的决心，对经济增长贡献显著。与 2016 年相比，科技创新指数的增长率也高达 40.24%，表现为苏州顺应创新要素流动的客观趋势，在更大范围、更深层次上促进区域要素自由流动和资源整合共享（见图 4－33 和图 4－34）。

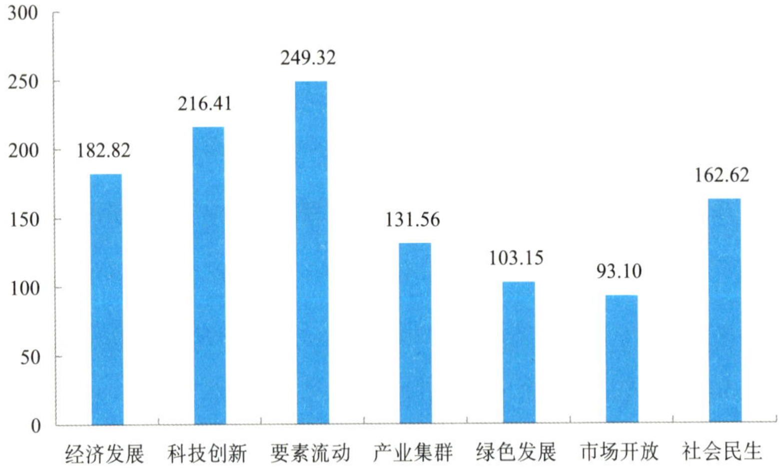

图 4－33　2016—2019 年苏州各指标得分趋势

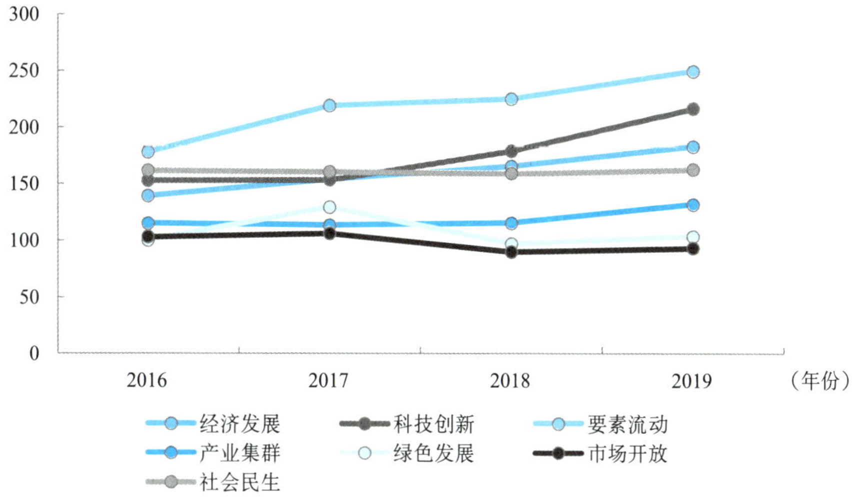

图 4－34　苏州高质量一体化发展指数

苏州在保持经济高速稳健增长的同时，加速引导特色产业集群，推动产业转型升级，打造区域经济发展的重要增长极，2019 年经济发展和产业集群指标值分别为 182.82 和 131.56，与 2016 年相比分别增长 31.57% 和 14.56%，在九城市中表现较好。苏州在极大的经济贡献下绿色发展表现稳健，绿色科技的贡献突出，绿色发展指数值为 103.15；注重发展外向型经济，外贸进出口体量庞大，加强高水平引资，探索外资高质量发展新路径，市场开放指数值为 93.10。由于经济总量增长较快，加上受国际贸易摩擦影响，苏州的市场开放程度指标数据有所收敛。在国内国际双循环发展新格局要求下，苏州将着眼于围绕国家重大产业布局建链和补链，推进高层次开放，做强对内开放，提高内循环的贡献度，凸显高质量一体化发展优势。

（二）江苏苏州主要指标情况

2018 年，G60 科创走廊扩容到沪苏浙皖沿线九城市，苏州作为江苏唯一代表城市，正式加入长三角 G60 科创走廊。苏州充分发挥开放优势，聚焦以产业集群为支撑的实体经济，特别是聚焦战略性新兴产业的发展，把握长三角产业集群空间布局规律，助力科技创新能力不断提升。

1. 外贸进出口助力经济发展，服务业促进产业结构高级化

2016—2019 年，苏州经济发展指数得分增长率为 31.57%。从各指标得分来看，对经济发展贡献度最高的为外贸进出口总量、人均 GDP 和城镇居民人均可支配收入（见图 4－35）。在经济发展指数构成中，经济增速较为平稳；但从经济总量来看，2019 年苏州实现 GDP1.9 万亿元，人均 GDP 为 17.92 万元，均位列九城市第 1。2020 年上半年新冠肺炎疫情期间，苏州实现规模以上工业总产值 1.55 万亿元，降幅仅为 0.3%。从产业结构方面来看，苏州第三产业发展较快，2019 年第三产业占比高达 51.5%，产业结构高级化程度为 108.53。

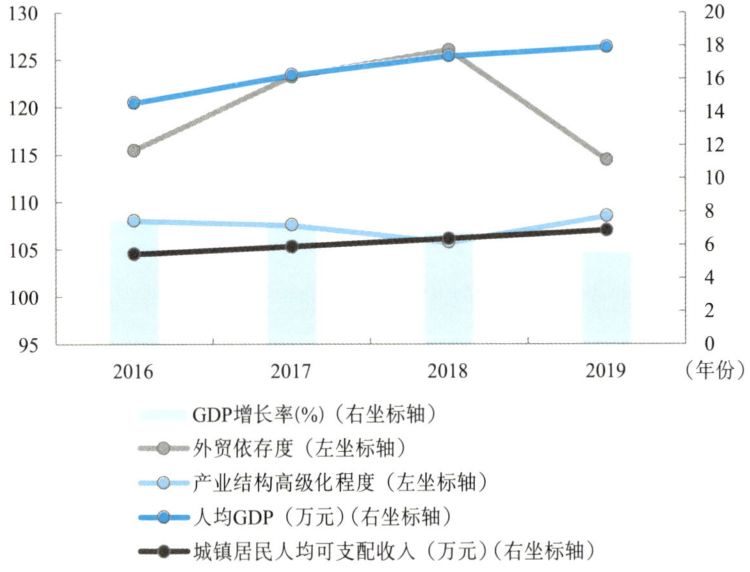

图 4－35　苏州经济发展主要指标情况

2. 科技创新成效显著，研发投入和专利产出贡献大

2016—2019 年，苏州科技创新指数由 152.60 增至 216.41，增长率高达 41.82%。在科技创新指数构成中，苏州发展强劲，每万人有效发明专利数、高新技术企业数和 R&D 人员投入力度对该指数贡献较大。为促进长三角科技创新要素自由流动，苏州与上海率先建成“科技资源开放共享与协同发

展服务平台”，成为全国首个跨区域研发资源补助政策互通的试点城市，实现政策互通、平台协同、资源扩充。从指标绝对值看，2019 年每万人有效发明专利数为 58.66 件，仅次于杭州；R&D 占 GDP 比重（3.25%）远高于全国平均水平（2.19%），在九城市中表现较好，仅次于松江、杭州和合肥，2018—2019 年 R&D 占 GDP 比重的增速显著提升（见图 4－36）。

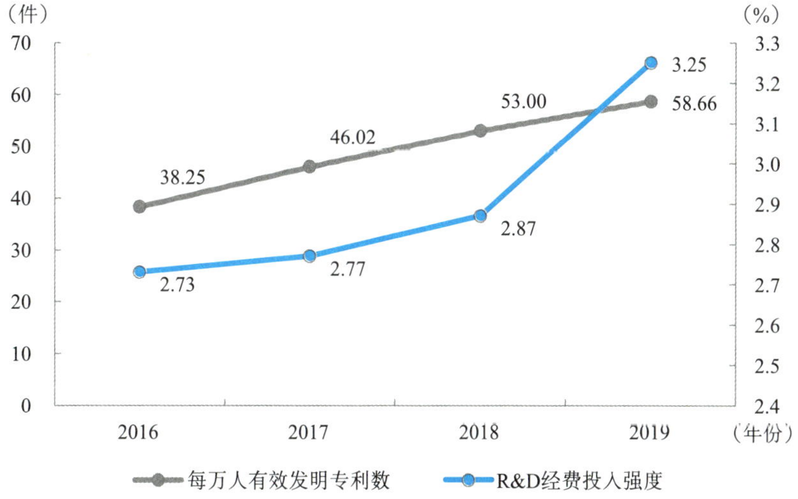

图 4－36　苏州科技创新情况

3. 要素流动增幅较大，创新资源集聚显著

2016—2019 年，苏州要素流动指数由 177.78 增至 249.32，增长幅度为 40.24%，主要得益于劳动力配置效率、资本配置效率和金融配置效率的增量贡献（见图 4－37）。从人才引进情况看，苏州极为重视人才的引进，人才引进目标是：三年内引进 1 万名高质量发展急需的高端人才，其中海外占比不低于 50%、外国高端专家不少于 2500 位；在三年内滚动遴选 1000 家创新型企业，参照国家高企所得税政策给予三年奖励；从事生物医药、人工智能等关键领域企业奖励期可延长三年。苏州注重大院大所——科研院所的引进，战略目的是推动“区域创新＋裂变式”经济发展；成立长三角（汾湖）人力资源服务产业园，组建高端人才猎聘联盟。

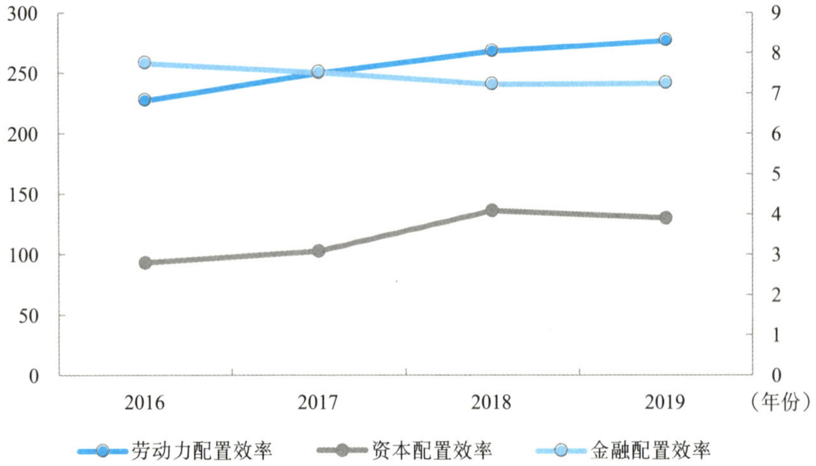

图 4－37　苏州要素配置效率情况

从信贷资金支持情况来看，苏州贷款比存款的比例较高（95.15%），资金运用效率远高于其他城市（区）；积极创新金融产品，浦发银行苏州分行通过“投资＋贷款”“投资＋认购股权”等投贷联动模式，与科技型企业建立长期合作关系；苏州银行推出“青创贷”“智权贷”“人才贷”等创新产品，适应科创企业不同特征融资需求。从资本市场支持情况来看，2019 年 1 月 1 日至 2020 年 5 月 31 日，苏州上市公司股票成交量 6215.40 亿股（占九城市股票成交总量的 31.98%），股票成交额 61920.39 亿元（占九城市股票成交额的 27.67%），市场活跃度明显较高，通过首发、增发等股票融资方式募集资金合计 258.84 亿元（占九城市募集资金总额的 20.74%）。总的来看，股票市场在资金融通方面发挥的作用愈加显著，逐渐发展成为企业股权融资的重要渠道（见图 4－38）。

4. 集聚示范效应明显，产业联盟和集群创新产品贡献突出

2016—2019 年，产业集群指数由 114.84 增至 131.56，增长幅度为 14.56%，其中产业联盟和集群创新产品构成对该指数贡献突出。从产业集群指数构成情况来看，园区联盟数量和战略性新兴产业申请专利的上市公司数量在九城市中名列前茅。2019 年成立 3 个产业联盟，园区联盟企业数量为 19 家。高新技术产业集中度为 3.88，集群创新产品构成占比为 0.31。

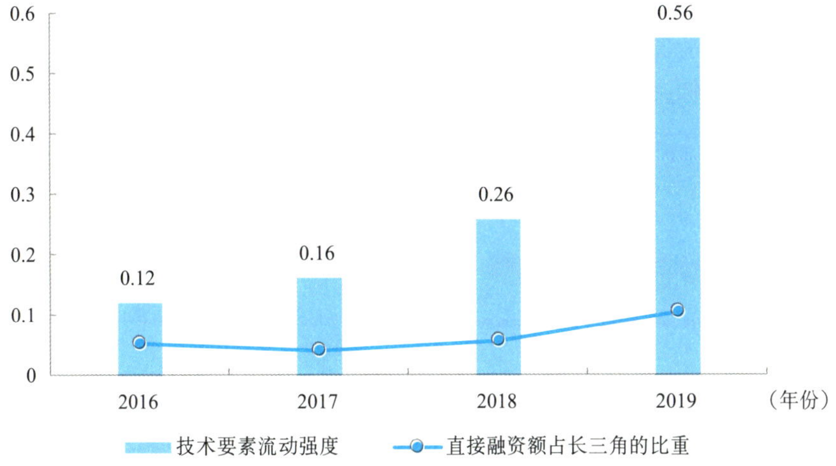

图 4－38　苏州直接融资额占长三角的比重和技术要素流动强度指标情况

2016—2019 年，地区协同指数——克格曼指数逐年增长，由 2016 年的 0.06 增长至 2019 年的 0.10，增长率高达 40%（见图 4－39）。苏州产业集聚示范效应明显，截至 2020 年 8 月，苏州相城区大数据（区块链）企业 643 家、工业互联网企业 159 家、智能车联网企业 61 家、科技金融企业 294 家。此外，长三角数字货币研究院、长三角 G60 科创走廊智能驾驶产业联盟、中国计算机学会业务总部等单位亦相继落户。

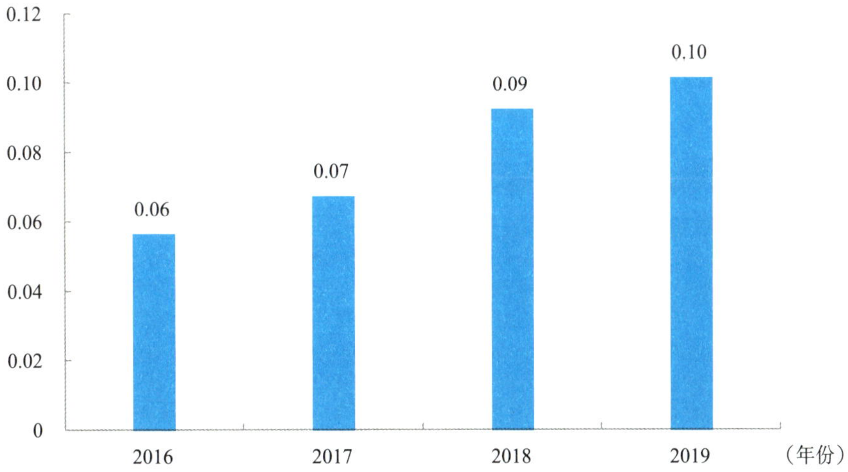

图 4－39　苏州地区协同指数——克格曼指数指标情况

5. 贸易战影响进出口，贸易依存度冲高回落

2016—2019年，苏州市场开放指数得分总体表现不佳（见图4-40）。从市场开放指数构成情况来看，2019年苏州外资持股上市企业数在九城市中占比22%，且逐年提高，对市场开放指数贡献较高。货币市场开放程度和外资开放度呈逐年降低的趋势。实际上，苏州的外商直接投资实际利用金额和金融机构外币存贷款余额的绝对值较高，但是由于经济体量很大，最终导致外资开放度指标和相对值较低，拉低市场开放指数总体评分。此外，近几年国际贸易战对苏州进出口影响较大，2019年贸易依存度同比大幅度下滑，也是最终导致市场开放指数总体评分表现不佳的重要原因。

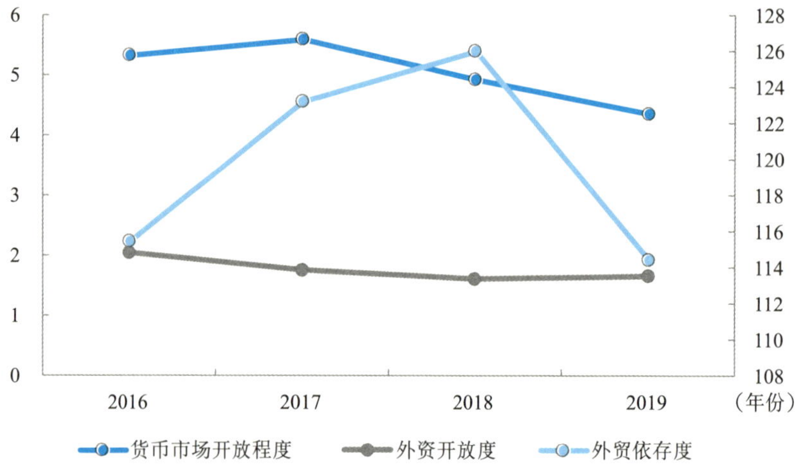

图4-40　苏州对外开放情况

6. 社会民生服务完善，人民收入稳步提升

2016—2019年，苏州社会民生指数得分基本维持在160左右，稳居九城市前列。从社会民生指数构成情况来看，人均地方一般公共预算支出、最低生活保障和城镇居民人均可支配收入指标逐年稳步提升（见图4-41）。每万人执业（含助理）医师数由2016年的40.81增长至2019年的49.13；常住人口城镇化率由2018年的75%增长至2019年的76%。

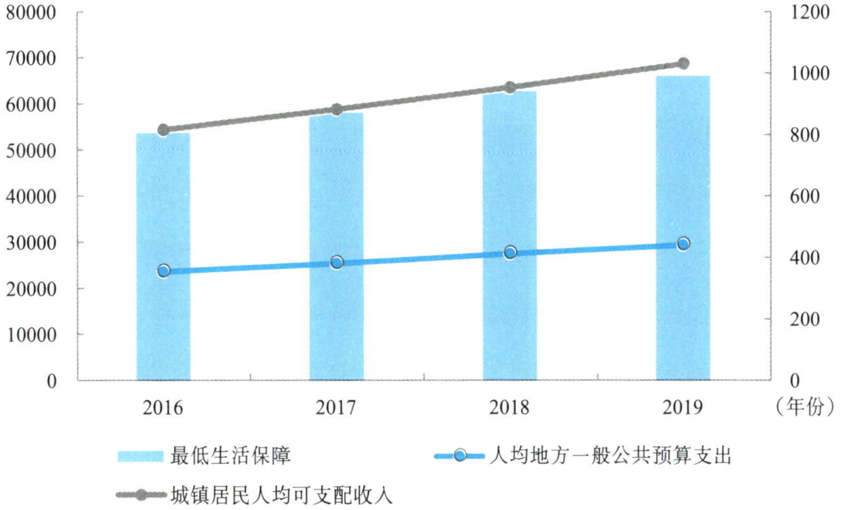

图 4－41　苏州社会民生情况

（三）江苏苏州特色发展情况

1. 依托五大园区，集聚优势资源

苏州依托五大园区（苏州工业园区、苏州高新区、苏州吴中高新技术产业开发区、吴江经开区、昆山高新区），发展生物医药、高端装备、智能制造、互联网＋、光电、半导体、汽车（新能源汽车、智能网联汽车、汽车服务业）、集成电路等优势产业，形成了 3 个重要的产业联盟（智能驾驶产业联盟、产业园区联盟、集成电路产业联盟）（见表 4－5）。2019 年 8 月，国务院批准设立中国（江苏）自由贸易试验区，其中苏州片区（面积 60.15 平方公里）全部位于苏州工业园区。在 2019 年底公布的国家级经开区综合考评中，苏州工业园区实现四连冠，在国家级高新区综合排名中位列第 5。苏州高新区是 1992 年获批的第一批国家级高新技术产业开发区。战略性新兴产业产值占规上工业产值比重达 60.5%，新一代信息技术产业产值超 1000 亿元，集聚医疗器械和生物医药企业 300 多家，产值年均增速超 30%。全区集聚近 2000 家外企、近 700 家高企、近 200 家瞪羚企业、11 家独角兽培育企业和 19 家上市企业。全区集聚各类人才 26 万人、高层次人

才3.6万人、科技领军人才近1500人次，自主培育国家级重大人才工程48人，省双创人才90人，省双创团队12个，姑苏领军人才218人。建成了中国苏州创业园、医疗器械产业园、新一代信息技术产业园等人才发展载体，集聚了阿里巴巴创新中心等55家众创空间，引进了100余家“国字号”科研院所平台，形成优质资源的“强磁场”。苏州高新区发布的人才科技新政3.0版明确将围绕医疗器械和生物医药、新一代信息技术，以及人工智能、大数据、云计算等新经济形态，引进具有引领性、原创性、标志性的顶尖人才（团队），单个项目综合扶持不低于5000万元，上不封顶。

表4－5　　苏州优势产业分布情况

载体	优势产业	产业联盟
1. 苏州工业园区 2. 苏州高新区 3. 苏州吴中高新技术产业开发区 4. 吴江经开区 5. 昆山高新区	生物医药、高端装备、智能制造、互联网+、光电、半导体、汽车（新能源汽车、智能网联汽车、汽车服务业）、集成电路	1. 智能驾驶产业联盟 2. 产业园区联盟 3. 集成电路产业联盟

2. 发展特色产业，助力高质量发展

新材料、高端装备制造、新型平板显示制造等制造领域中市场潜力大、产品附加值高、创新驱动优的特色产业，对苏州工业经济平稳较快增长和转型升级支撑带动作用明显。

如图4－42所示，苏州新材料产业保持较高产值水平，从2016年的3976.79亿元增长至2019年的4920.90亿元，在产值总量较高水平的基础之上，增长幅度在近两年略有回落。

苏州着力打造新型显示、高端装备制造、高端纺织等10个千亿级先进制造业集群。如图4－43所示，2016—2019年，苏州高端装备制造产值增速显著，从2016年的3428.42亿元增至2019年的4060.85亿元，累计增长幅度高达18.45%。

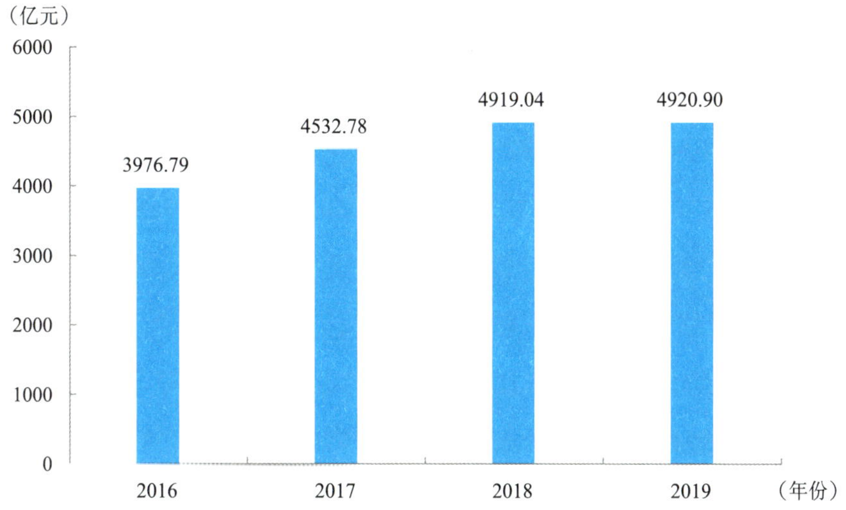

图 4－42　苏州新材料产业产值

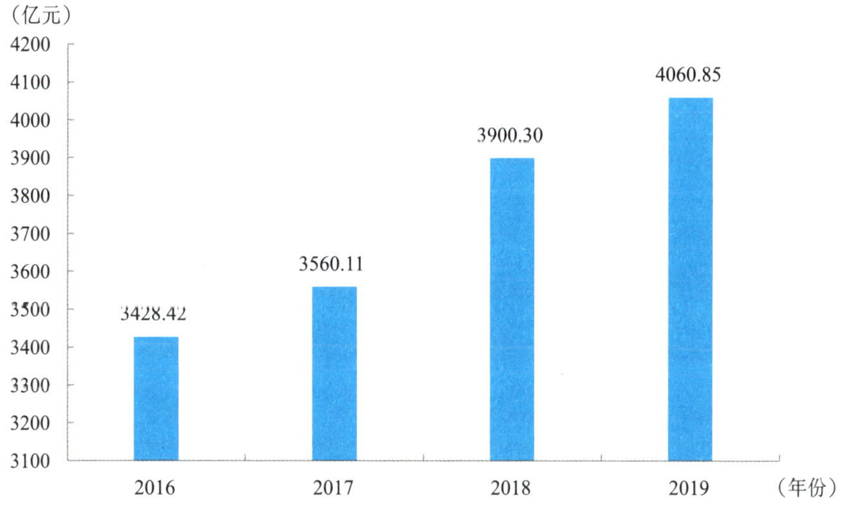

图 4－43　苏州高端装备制造产值

电子信息产业是苏州第一支柱产业，其战略性、基础性和先导性对于拉动经济增长、转变发展方式具有重要作用。作为苏州电子信息产业重要支柱行业的新型平板显示产业具有较好的产业发展基础，具有科技含量高、产业带动力强等特点。虽然，在 2017 年新型平板显示制造产值有所跌落，从 2893.70 亿元下降至 2685.59 亿元，但是 2018 年之后增长速度迅猛，到 2019 年增至 3082.40 亿元，年增长速度约为 7%（见图 4－44）。

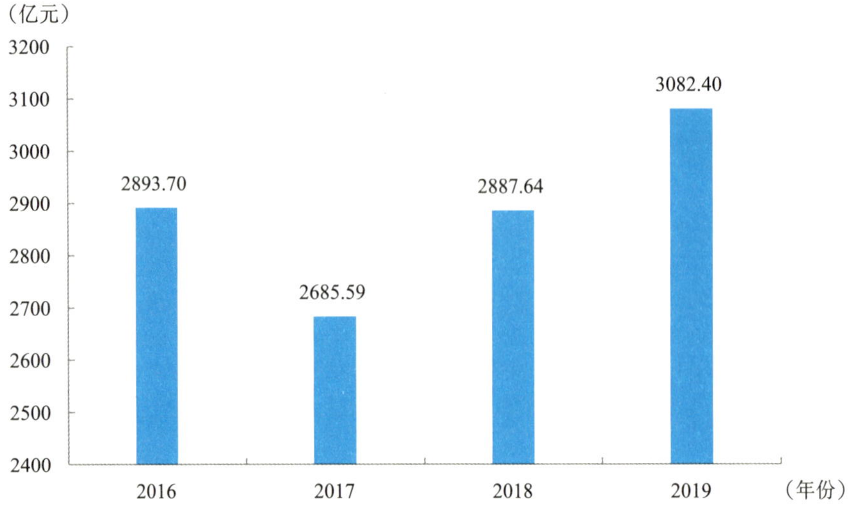

图 4－44　苏州新型平板显示制造产值

3. 打造产业联盟，集聚先进制造业

长三角 G60 科创走廊智能驾驶产业联盟于 2019 年 4 月 11 日成立，旨在打造 G60 科创走廊智能驾驶产业一体化发展平台，促进产业链上下游资源整合，推动人工智能与智能驾驶的深度融合、产业与智力资本的有效对接。该联盟以服务产业、服务企业为核心，以互利共赢为原则，精准对接产业链、创新链、价值链上下游企业单位，进一步推动高校科研机构与企业间的产学研合作，加快推动智能驾驶产业资源在苏州集聚，共同促进 G60 科创走廊先进制造业产业集群一体化发展，持续提升 G60 科创走廊产业发展在长三角乃至全国的集聚度和辐射度。2019 年 6 月 28 日，两个重要联盟依托苏州工业园区成立：长三角 G60 科创走廊产业园区联盟和集成电路产业联盟。联盟旨在充分发挥苏州在园区载体和集成电路领域的特殊优势，加强科技创新前瞻布局和资源共享，加大关键核心技术攻关力度，提升区域产业集群全球竞争力，将长三角 G60 科创走廊建设成为国际一流的先进制造业重要集聚区。

综合而言，苏州高质量一体化成效显著，尤其在经济发展和产业集群方面表现优异。苏州依托产业园区，打造产业联盟，集聚优势科创要素，发展先进制造业，加速产业集群一体化布局。在推动“双循环”新发展格局的背景下，科创资源加速集聚，转型升级不断加快，营商环境持续优化，长三角 G60 科创走廊已成为苏州融入长三角高质量一体化发展的重要合作平台。

六、浙江湖州篇

湖州地处长三角中心区域，是一座有着100万年人类活动史、2300多年建城史的国家历史文化名城，是丝之源、笔之源、茶之源、瓷之源、酒之源，素有“丝绸之府、鱼米之乡、文化之邦”的美誉，宋代便有“苏湖熟，天下足”之说。湖州是环太湖地区唯一因湖得名的江南城市，全市辖吴兴、南浔两区和德清、长兴、安吉三县，面积5820平方公里，户籍人口265万人，常住人口298万人。近年来，湖州先后获得国家环保模范城市、国家卫生城市、国家园林城市、中国优秀旅游城市、中国魅力城市、全国城市综合实力百强市、国家森林城市、中国最幸福城市等荣誉称号，并成为全国首个地市级生态文明先行示范区。2005年，习近平同志到湖州安吉调研，首次提出了“绿水青山就是金山银山”的重要思想，湖州开启了“两山”重要思想诞生地、中国美丽乡村的发源地、“生态+”的先行地、太湖流域生态涵养地的生动实践。绿水青山是湖州经济发展的名片，湖州率先在全国发布绿色制造发展指数体系，建立全市绿色智能制造评价体系，出台多部绿色发展相关规则规范，绿色发展成果显著，创新发展势头良好。2018年，湖州正式加入G60科创走廊，在交通互联方面，以沪苏湖高铁建

设为重点，加强高铁、公路、航道等跨区域基础设施的协同规划建设；在科技互促方面，加快建设国家创新型城市，全面深化区域内的校地合作，积极参与区域创新体系的打造，推动各类创新要素充分流动，促进提升区域自主创新能力；在平台互补方面，依托南太湖新区的规划建设，以产业、科技、人才、开放等平台为重点，与其他城市开展深度合作；在产业互融方面，依托湖州的“中国制造 2025”试点示范城市、国家绿色金融改革创新试验区、国家全域旅游示范区等重大战略，加强与其他地市的产业合作，共同提升区域信息经济、高端装备、健康养生、休闲旅游等新兴产业的发展水平；在生态互惠方面，与其他地市一起分享“两山”实践的湖州经验，深入推进区域共治，不断美化生态环境，释放生态红利。

（一）浙江湖州分指数分析

从总指数看，湖州的 G60 高质量一体化指数呈逐年上升趋势，2019 年的总评指数为 114.58，较 2016 年的 80.98 上升 41.50%，增幅仅次于嘉兴（见图 4 – 45）。2019 年，湖州的总指数在九城市中排名较 2016 年有所上升，其中绿色发展分指数上升最为显著。

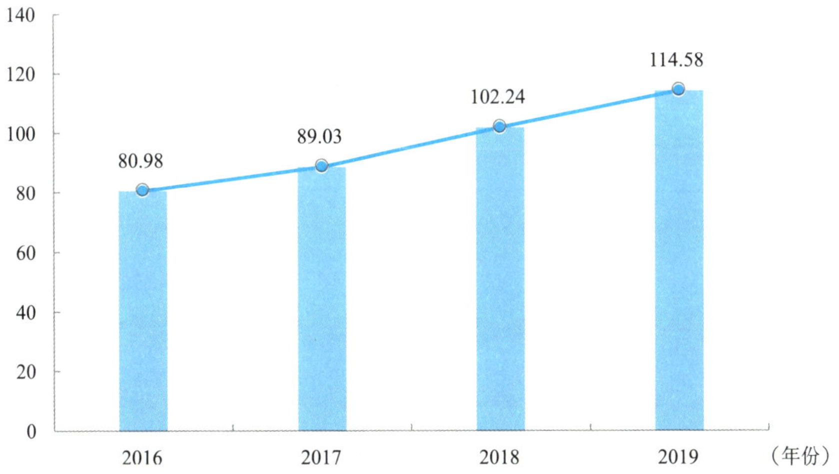

图 4 – 45　湖州 G60 高质量一体化指数情况

（二）浙江湖州主要指标情况

湖州是全国首个地市级生态文明先行示范区，率先在全国发布绿色制造发展指数体系，建立全市绿色智能制造评价体系，出台多部绿色发展相关规则规范，绿色发展成果显著，创新发展势头良好。经济快速增长，科技创新加速，社会民生改善，绿色发展突出，主要体现在以下方面。

1. 地区生产总值持续快速增长，财政收入增速远超全省平均水平

在经济发展指数中，湖州的地区生产总值增长率在 G60 九城市中排名前列。2019 年，全市地区生产总值 3122.4 亿元，比 2018 年增长 7.9%；人均地区生产总值 11.7 万元。2017—2019 年，湖州 GDP、财政收入、固定资产投资及规上工业增加值的年均增速分别为 8.2%、15.3%、10.4% 和 8.8%，较浙江平均水平分别高出 1.0 个百分点、5.6 个百分点、1.8 个百分点和 1.4 个百分点。分产业看，2019 年，第一产业增加值 133.8 亿元，增长 2.8%；第二产业增加值 1595.4 亿元，增长 7.6%，其中工业增加值 1422.1 亿元，增长 8.5%；第三产业增加值 1393.2 亿元，增长 8.7%。三次产业结构比例为 4.3∶51.1∶44.6（见图 4－46）。

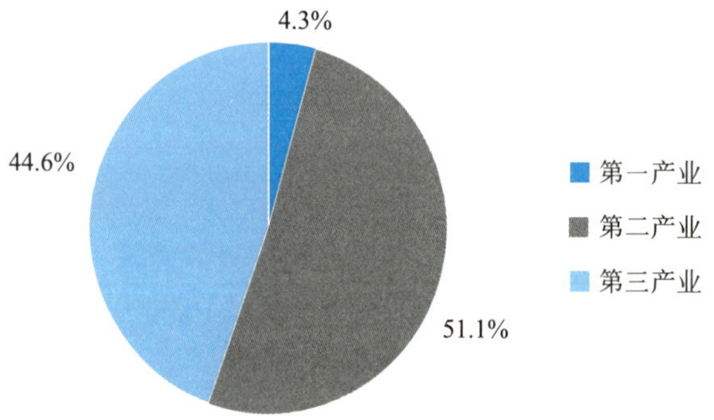

图 4－46　2019 年湖州第一、二、三产业结构比例

2. 研发人员投入力度较大，资本和金融配置效率逐年递增

在科技创新指数中，R&D 人员投入力度得分在九城市中保持名列前茅。

2019 年，每万人有效发明专利得分排名有所上升。2019 年，全年专利申请量 23359 项；专利授权量 16419 项，其中发明专利 1256 项。全年经认定登记的技术成交项目 810 项；技术成交金额 74.0 亿元，增长 12.1%。全市 2019 年末拥有省级高新技术研究开发中心 419 家，比 2018 年增加 67 家；拥有国家级高新技术企业 938 家，增加 180 家。

在要素流动指数中，一般公共支出中的教育支出逐年上升，2019 年达 76.83 亿元，同比增长 9.9%；资本配置效率和金融配置效率逐年递增（见图 4－47）；上市公司家数逐年增加，2019 年，湖州拥有上市公司 33 家，其中境外 9 家，境内 24 家。

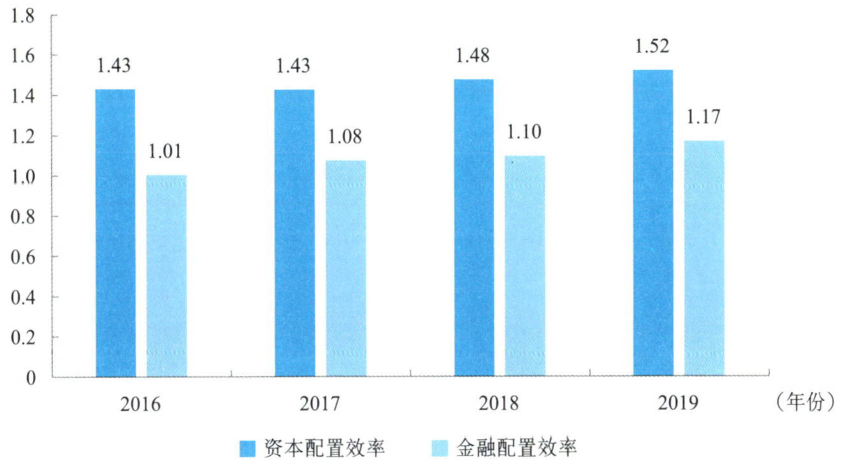

图 4－47 湖州资本配置效率和金融配置效率情况

3. 地区协同显著优化，绿色发展成效斐然

在产业集群指数中，2019 年湖州规上工业总产值占 GDP 比重、战略性新兴产业申请专利的上市公司数量，以及地区协同指数——克格曼指数均在九城市中排名前列。其中，反映地区协同的克格曼指数排名上升显著。

在绿色发展指数中，湖州的提升速度显著。PM2.5 指标得分 2016—2019 年的排名分别为 4、2、2、1；2019 年市区 PM2.5 平均浓度每立方米 32 微克，较 2016 年下降 31.91%（见图 4－48）。人均污染治理投资强度得分的排名从2016年的第5位，逐年上升至2019的第1位。2019年，城市空气质量优良率76.7%。

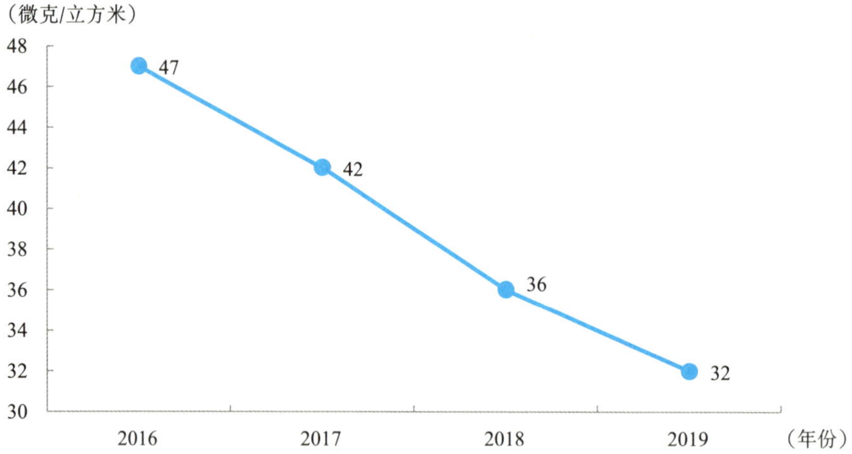

图4-48 湖州市区PM2.5情况

4. 市场开放水平明显提升，社会民生持续快速改善

在市场开放指数中，2016—2019年湖州的外资开放度指标得分在九城市中排名明显提升。2019年，湖州实现外贸进出口总额940.2亿元，比2018年增长6.3%，利用外资增速显著。其中，新批准及增减资利用外资项目295个，包括外商投资企业191家，增资项目67个，总投资千万美元以上项目134个；合同外资48.3亿美元，比2018年增长42.1%，实到外资19.0亿美元，涵盖第一产业0.1亿美元，增长112.3%；第二产业7.7亿美元，增长12.1%；第三产业11.2亿美元，增长92.8%。

在社会民生指数中，2019年湖州城镇居民人均可支配收入59029元，比2016年增长了28.9%（见图4-49）；人均生活消费支出34916元，增长9.7%。全市城镇居民恩格尔系数为0.28，达到国际富足标准。全市城镇化率达到64.5%，较2016年提高4%。

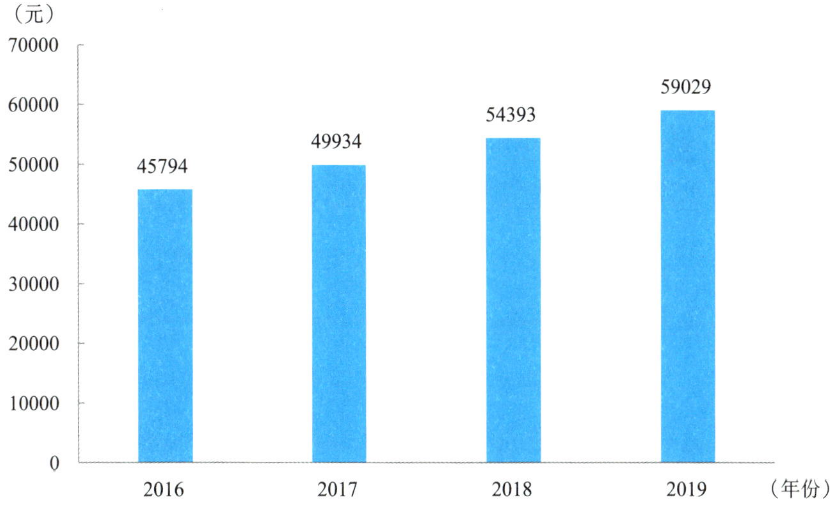

图 4－49　湖州城镇居民人均可支配收入情况

（三）浙江湖州特色发展情况

1. 绿色发展成效显著

绿水青山是湖州经济发展的名片，湖州率先在全国发布绿色制造发展指数体系，建立全市绿色智能制造评价体系，出台多部绿色发展相关规则规范，绿色发展成果显著，多项绿色发展指标从 2016 年至 2019 年呈现明显的优化趋势。

以绿色发展作为传统制造业转型的第一标准。作为“绿水青山就是金山银山”理念诞生地，湖州在传统制造业转型中把绿色发展作为第一标准。一方面，启动了绿色园区、绿色工厂、绿色产品等系列试点示范培育专项行动，构建绿色制造体系，全面提升企业生产管理水平；另一方面，通过加快推行以亩产效益为导向的资源要素差别化配置改革，积极倒逼企业主动淘汰落后产能。数据显示，2019 年，湖州共淘汰落后产能企业 222 家，完成“低散乱”企业（作坊）整治 4217 家，腾出用能空间 26.6 万吨标煤，盘活存量土地 15045 亩，各项指标均超额完成年度目标。此外，为了实现经济生态化，湖州对新增企业设定明确的绿色门槛，对存量企业进行绿色改造，截至2020年9月，湖州二星级以上绿色工厂达2800余家，规模以上工业企业覆盖率超过80%。

推行绿色金融创新，在金融领域践行“绿水青山就是金山银山”理念。湖州作为全国绿色金融改革创新试验区，在服务体系上，深化绿色信贷创新和绿色保险试点，推进绿色债券融资和绿色基金投放；在金融供给上，培育绿色金融市场主体，推动绿色企业上市；在基础设施上，开展“三系统一平台”建设，打造绿色金融地方标准体系；在能力建设上，强化绿色专营机构准入与后评估，建立绿色信贷业绩评估和绿色银行监管体系，编制区域绿色金融发展指数；在保障机制上，打造能动司法保障、多层次环境信息披露与全系统绿色金融自律机制和不良风险防控体系。截至2020年末，已累计取得30余项全国率先或首次试点成果，连续两年被《亚洲货币》评为中国最佳绿色金融创新地区，连续两年被评为长三角“40+1”城市群绿色金融竞争力第1名。

2. 创新发展势头良好

2017—2019年，湖州高新技术企业数的年增幅分别为20.99%、34.16%、23.62%；高新技术产品出口增幅分别为15.75%、9.09%、38.78%。从研发看，R&D人员投入力度得分在2016—2019年在九城市保持前列，每万人有效发明专利的排名上升显著。2019年，全年专利申请量23359项；专利授权量16419项，其中发明专利1256项。全年经认定登记的技术成交项目810项；技术成交金额74.0亿元，增长12.1%。全市2019年末拥有省级高新技术研究开发中心419家，比2018年增加67家；拥有国家级高新技术企业938家，增加180家。

2019年，湖州全年规模以上工业实现增加值888.7亿元，按可比价计算比2018年增长8.4%，其中轻工业352.4亿元、重工业536.3亿元，分别增长8.0%和8.7%。33个大类行业中，有26个行业增加值实现增长，8个行业超过40亿元。其中，非金属矿物制品业110.0亿元，增长12.6%；纺织业 79.9 亿元，增长 5.6%；通用设备制造业 77.6 亿元，增长 12.7%；电气机械和器材制造业 72.1 亿元，增长 18.6%；电力、热力的生产和供应业 64.8 亿元，下降 2.5%；家具制造业 64.8 亿元，增长 10.5%；化学纤维制造业 48.8 亿元，增长 16.6%；化学原料和化学制品制造业 43.9 亿元，增长 8.2%。

从重点产业看，2019 年高新技术产业 494.4 亿元，增长 10.4%，占比 55.6%；战略性新兴产业 268.7 亿元，增长 10.7%，占比 30.2%；装备制造业 240.1 亿元，增长 12.6%，占比 27.0%。在规模以上战略新兴产业中，新材料产业占比突出，2019 年实现产值 683.75 亿元，占比 43.23%（见表 4-6）。

表 4-6　　湖州规模以上工业战略性新兴产业结构情况

名称	2018 年		2019 年	
	产值（亿元）	占比（%）	产值（亿元）	占比（%）
新一代信息技术产业	153.05	10.46	166.00	10.50
高端装备制造产业	121.67	8.32	175.43	11.09
新材料产业	662.21	45.27	683.75	43.23
生物产业	68.72	4.70	82.90	5.24
新能源汽车产业	158.15	10.81	156.96	9.92
新能源产业	137.04	9.37	134.99	8.54

3. 协同发展全面推进

依托地处苏浙皖三省交界的区位优势，湖州深度融入长三角一体化发展国家战略，全域被纳入上海“1+10”同城化都市圈、“1+8”大都市圈和 G60 科创走廊，与沪苏浙皖 9 个城市和上交所、浙大、中国科大等单位签订合作协议，着力打造长三角城市群综合交通枢纽，初步构建以接轨上海为龙头、以融入杭宁为支撑、以联通苏南为补充、以辐射皖赣为拓展的区域一体化发展布局。在合作载体方面，推进长三角产业合作区、长三角绿色智造联动发展南浔—青浦合作园、湖嘉一体化先行区和沪杭一体化先行区跨区域合作平台建设，探索跨区域一体化发展的合作机制，深化全方位合作。

在重点领域方面，湖州围绕产业协同配套、生态联保共治、设施互联互通、城乡融合互促、创新协同联动、开放互利共赢、服务合作共享、市场统一开放八大领域，推动一批合作事项实施。在重点区域方面，湖州东向全面接轨上海，加快集聚上海科技、人才、信息、金融等高端资源；南向深度融入杭州，深化数字经济、科技创新、产业协作等合作；北向紧密协作苏南，加快推进环太湖融合发展；西向深化联动皖南，建设成为上海辐射带动中部地区的战略节点城市。在重大平台方面，湖州重点推进长三角产业合作区、长三角绿色智造联动发展南浔—青浦合作园、湖嘉一体化先行区和沪杭一体化先行区跨区域合作平台建设，打造一批区域合作载体，探索跨区域一体化发展的合作机制，深化全方位合作。

城乡协同发展稳步推进。2019 年，湖州的城市化率为 64.5%，城镇和农村居民可支配收入比例为 1.69∶1。全年城镇居民人均可支配收入达到 59028 元，比 2018 年名义增长 8.5%。其中，工资性收入增长 8.4%，经营净收入增长 9.7%，财产净收入增长 5.8%，转移净收入增长 9.2%。人均生活消费支出 34916 元，增长 9.7%。

4. 南太湖新区全力融入长三角一体化高质量发展

2019 年，作为浙江大湾区“四新区”之一的南太湖新区正式成立，重点建设全国“绿水青山就是金山银山”理念转化实践示范区，力争成为长三角区域发展重要增长极、浙北高端产业集聚地、南太湖地区美丽宜居新城区。2020 年 1—10 月，南太湖新区累计签约项目 72 个，总投资 878.3 亿元；新开工亿元以上项目 43 个，总投资 173.5 亿元；新竣工亿元以上项目 25 个，总投资 83.5 亿元。围绕产业链布局创新链，南太湖新区主动承接区域创新资源，不断深化和巩固政产学研合作成果。全面形成以中科院湖州中心为龙头，浙江大学、上海交通大学、中国电子科技大学、电子科技大学 4 个一流高校平台为支撑、多个众创空间孵化器为承载的“1 +4 + N”创新体系格局，集聚各类科研合作平台 33 个，覆盖电子信息、生物医药、节能环保等多个学科领域，累计服务企业 1294 家（次），形成技术转移成果超 150 项。

综合而言，湖州作为“绿水青山就是金山银山”理念诞生地及全国首个地市级生态文明先行示范区，坚持绿色发展、创新发展和协调发展的发展道路，在长三角区域一体化发展国家战略下，更加积极地融入长三角，充分利用长三角 G60 科创走廊的制度安排，探索实践长三角区域高质量一体化发展的路径，打造长三角区域绿色发展引领区。

七、安徽宣城篇

宣城地处皖东南，毗邻苏浙，地近沪杭，古属吴越。新中国成立初期设宣城专区，后并为芜湖专区和芜湖地区，1980 年芜湖地区更名为宣城地区。宣城是千年郡府地，历史悠久，人文昌盛。公元前 109 年，西汉在此设丹阳郡，历代为郡、州、府、路治所，先后被称为宣城郡、宣州、宁国府。唐朝时，宣州与苏州、杭州并列为江南三大中心城市。文化底蕴深厚，文房四宝文化、徽文化、诗歌文化、民俗文化、饮食文化、宗教文化、宗氏文化并存共荣，素有“宣城自古诗人地”“上江人文之盛首宣城”之称。敬亭山被誉为“江南第一诗山”。宣城是综合枢纽地，交通畅达，要素汇聚。宣城是安徽唯一与苏浙两省交界的市，是皖东南地区重要的综合交通枢纽。2019 年，宣绩高铁开工建设，商合杭高铁、芜宣机场加快推进，芜申运河郎溪定埠港开港运营，宁宣杭高速高淳段、临安段和溧宁高速溧阳段开工建设，临安至绩溪首条浙皖省际公交线路开通，中心城区“二环”闭合，“四环八射”框架基本形成。宣城在 G60 科创走廊协同发展的进程中，应坚持可持续发展理念，积极对接沪苏浙，抢抓长三角地区产业转型升级的机遇，加快推进交通、体制、政策、产业、市场、要素等方面的接轨与融合，强力推进开发区建设，优化经济发展环境，采取多种方式开展招商引资，

卓有成效地承接产业转移。

（一）安徽宣城分指数分析

宣城各指数呈现波动上升趋势（见图 4－50），2017 年指数小幅下跌，2018 年反弹明显，相比较而言，2019 年增速最快，明显高于前两年，同比增速为 17.69%。通过横向和纵向比较高质量一体化发展的七大指数发现（见图 4－51），宣城在市场开放、产业集群两方面指数得分相对较高，经济发展、科技创新、要素流动指数得分呈现连年增长的趋势，其中，2019 年宣城科技创新、要素流动和产业集群都取得了显著成效，相比 2018 年的得分上升明显。绿色发展指数波动较大，2018 年城市绿色发展效率显著提升，尽管 2019 年小幅下降，但 4 年内绿色发展整体趋势向好。2019 年，宣城高质量一体化发展指数从高到低依次为市场开放、产业集群、科技创新、经济发展、要素流动、绿色发展、社会民生，其中，市场开放程度在九城市中表现不俗。

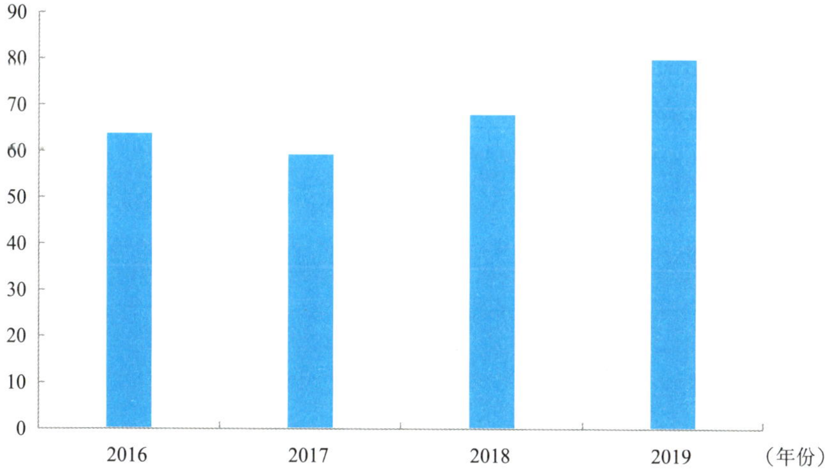

图 4－50　宣城高质量一体化发展指数

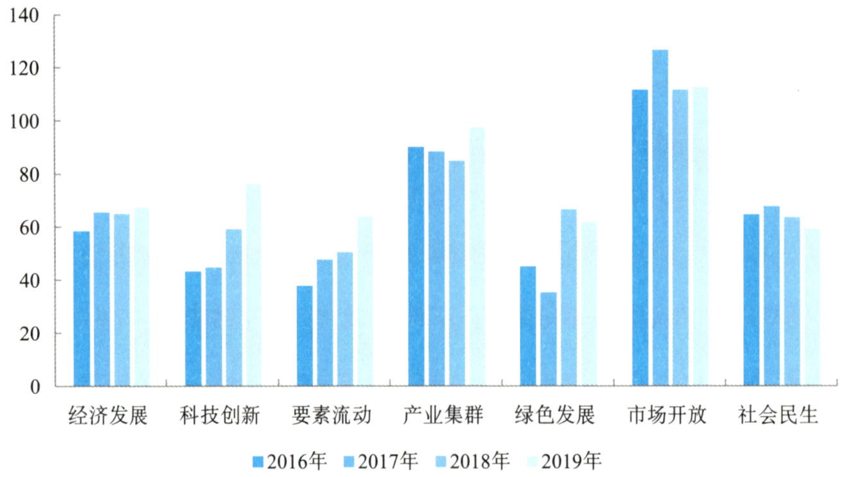

图 4－51　宣城各大领域指数

（二）安徽宣城主要指标情况

G60 科创走廊建设是推进宣城发展的重要平台和助推引擎。宣城以积极主动的姿态，加速对标对接，广泛参与 G60 科创走廊沿线城市产业分工协作，积极承接长三角产业梯度转移，在科技创新、基础设施、园区建设、营商环境等领域合作成效显著。

1. 经济发展增速明显

2016—2019 年，宣城人均 GDP 指数得分连年上升，反映出经济发展持续向好，GDP 稳步增长（见图 4－52）。2019 年，宣城全年生产总值 1561.3 亿元，分产业看，第一产业增加值 149.8 亿元，同比增长 3.2%；第二产业增加值 738.3 亿元，同比增长 9.9%，其中工业增加值 576.5 亿元，同比增长 9.8%；第三产业增加值 673.2 亿元，同比增长 6.3%。第一、二、三产业结构比例为 9.6∶47.3∶43.1，其中工业增加值占 GDP 比重为 36.9%。

2. 科技经费投入逐年增长

相比其他八城市，宣城经济体量虽小，但 R&D 投入经费逐年增加（见图 4－53），每万人有效发明专利数得分较高，2019 年的得分比 2016 年上升

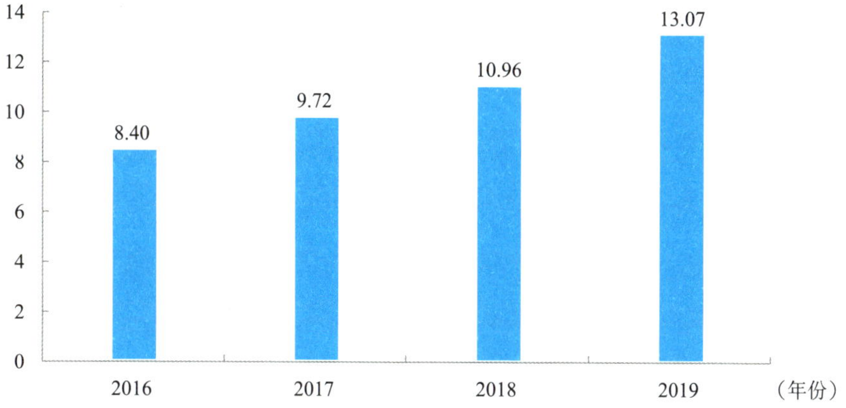

图 4－52　宣城人均 GDP 指数得分

了近 1 倍。截至 2019 年末，宣城拥有高新技术企业 302 家，新通过认定 122 家。全市共申请专利 5310 项，获授权专利 2978 项，其中发明专利 542 项。每万人有效发明专利拥有量 11.85 件，增长 24.7%。全年组织申报各类科技计划项目 420 项，其中，列入国家和省科技计划 22 项，获省级科学技术奖 4 项。

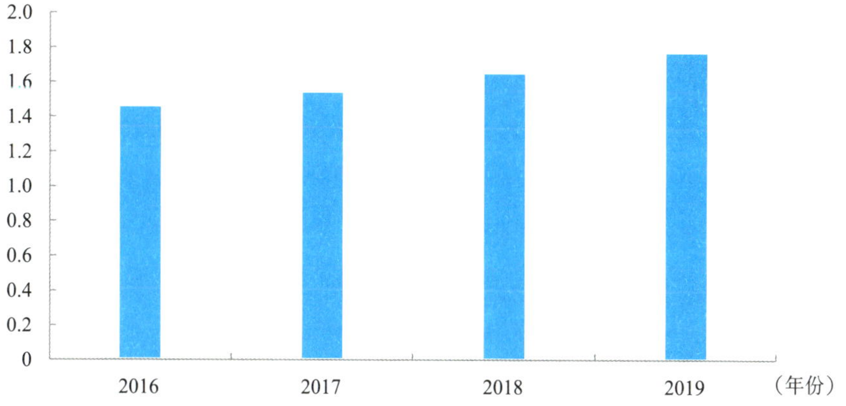

图 4－53　宣城 R&D 投入经费指数得分

3. 劳动力配置效率提升，第三产业贡献突出

劳动力配置效率和第三产业占 GDP 值，分别反映要素流动和产业结构，两者得分均逐年增长（见图 4－54），意味着宣城劳动力配置效率逐渐提升，第三产业在经济发展中的重要性越来越高。2019 年宣城全年固定资产投资

比2018年增长10.3%，分产业看，第一产业投资下降17.1%，第二产业投资增长5.8%，第三产业投资增长15.7%。

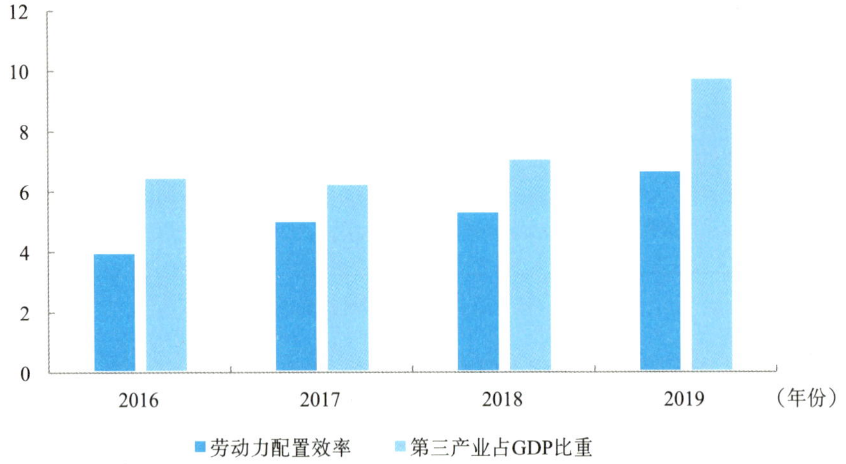

图4-54　宣城劳动力配置效率和第三产业占GDP比重指标得分

（三）安徽宣城特色发展情况

1. 立足自身优势，主导产业新格局基本形成

宣城是安徽唯一与浙江、江苏同时接壤的地级市，是长三角的几何中心，是东部向中部地区产业转移、经济辐射的必经通道，是中部地区承接东南沿海地区产业转移的重要阵地。

在推动产业集聚过程中，宣城通过规划引领、政策支持，错位发展，不断增强产业集群的特色优势。2019年末，全市规模以上工业企业1462户，全年规模以上工业增加值比2018年增长10%，高新技术产业增加值增长16.7%，对规模以上工业增长的贡献率达83.7%。战略性新兴产业产值增长20.5%，占全市规模以上工业总产值的比重为48.5%。全年固定资产投资比2018年增长10.3%。全年进出口总额18.7亿美元，比2018年增长0.87%。宣城已初步形成汽车及装备制造、新能源新材料、食品医药、绿色产品加工、新型建材、机电、精细化工等特色经济板块。宣城经开区智谷软件产业园获评省软件和信息产业集聚区、国家级（专业型）众创空间。战略性新兴产业中新材料、节能环保和高端装备制造业产值排名靠前，具有产业优势，可在现有基础上深耕发展（见表4－7）。

表4－7　　宣城三大特色战略性新兴产业产值

年份	新材料	节能环保	高端装备制造
2016	189.91	118.05	55.74
2017	247.25	107.45	62.00
2018	149.51	88.99	82.86
2019	231.33	133.28	149.36

为提高产业集中度，宣城编制《宣城市“十三五”新型工业化发展规划》《宣城市工业产业集聚区（基地）布局规划》，推动产业集群依托优势产业不断延链、扩链，相关企业围绕产业链条逐步集聚，涌现出宣城经开区新能源新材料产业集群、智谷软件产业园软件和大数据产业集群、广德县PCB产业集群、泾县电机泵阀产业集群及宁国市汽车零部件产业集群、耐磨铸造产业集群和电子元器件产业集群等一批各具特色的产业集群。其中，宁国市制定《汽车橡胶零部件产业集群发展规划》，坚持按产业招商、按集群布局，以项目促升级、以品牌聚产业，充分发挥龙头企业在产业集群中的核心主导作用，逐步形成了以中鼎集团、亚新科为代表的汽车减震、转向系统，飞鹰为代表的汽车制动系统，保隆为代表的轻量化底盘系统三大汽车零部件系统。

优先承接产业明确。据《产业转移指导目录（2018年本）》显示，宣城明确优先承接发展的产业包括电子信息、轻工、纺织、医药、食品、化工、建材、机械、汽车、生产性服务业（电子商务服务）十大类，同时，正在引导镍、锡、锑、汞等常用有色金属冶炼产业逐步调整退出，且不再承接独立热轧钢（热轧钢筋类）产业。

宣城根据各乡镇资源禀赋，坚持产业合理布局和快速集聚，精心培育和扶持乡镇发展特色经济，涌现一批产业集群专业镇。截至2019年，宣城有18个乡镇被评为省级产业集群专业镇，产业集群镇总数居全省第2位，占全省总量的9.5%。其中，宁国中溪镇汽车零部件专业镇、泾县丁家桥镇宣纸加工专业镇被评为省级产业集群示范镇。

2. “五色”产业特色鲜明

“五色”产业是宣城的亮点和看点：“红色”——红色旅游景区、“绿色”——绿色产业经营与项目、“古色”——千年古镇古村落、“特色”——产业集群镇、“乡色”——农业农村“三区四园一体”（粮食生产功能区、重要农产品保护区、特色农产品优势区，现代农业产业园、科技园、创业园与农村产业融合发展示范园，田园综合体）。宣城立足本地特色深挖市场，抓住地区“三区一链”、红色旅游景区、绿色产业项目、千年古镇古村、产业集群镇、农业农村“三区四园一体”等重要产业载体，开展有针对性的精准服务，聚力扶持地方特色产业，服务乡村振兴。

3. 科技创新持续发力，引领高质量发展路径

2018年，宣城加入G60科创走廊3.0版本，为科技创新注入新的活力，对宣城未来发展意义重大。宣城先后出台了《宣城市“宛陵聚才行动”若干政策》《宣城市“宛陵聚才行动”创业支持和奖励政策的实施细则》等系列政策，为人才集聚提供制度保障。2017年，宣城提出打造宣郎广宁智创走廊，又成立了宛陵科创城。宛陵科创城项目是宣城科技创新“1号工程”，一期主体工程已基本建成，二期正在紧锣密鼓地推进，其发展定位是“皖苏浙省际交汇区域的创新发展新高地，安徽融入G60科创走廊的重要承接点，宣郎广宁智创走廊的科创服务平台，宣城创新要素高度集聚的示范新区”。目前，已有合肥工业大学宣城研究院、安徽工业大学宣城工业技术研究院、安徽工程大学宣城产业研究院、上海大学宣城新材料研究院、机械研究总院宣城（中机）产业研究院、农科院宣州产业园、智谷产业园、科大讯飞宣城研究院、东华软件宣城基地等20余家科研院所和高新技术企

业明确入驻宛陵科创城。宣城正在努力把宛陵科创城建设成为皖苏浙省际交汇区域具有影响力的人才高地、创新高地、产业高地，打造宣城创新创业的标杆项目、示范工程。

4. 自然禀赋丰富，充分发挥区域地理优势

宣城是长三角地区西进的“桥头堡”，是实现东、中、西三大区域互动发展的纽带。宣城区位优越、交通便捷、物流畅达，是要素汇聚的综合枢纽之城。宣城处于合肥、南京、杭州三大省会城市的几何中心，是安徽省唯一既与江苏又与浙江接壤的省辖市（约有365公里与江苏、浙江接壤），距皖、苏、浙等长三角核心城市均在两三百公里内。随着境内纵横的公路、高铁、航运、航空等交通设施的建设和完善，宣城基本实现中心城区1小时通达沪宁杭合、2小时飞抵北广深，成为长三角重要综合交通枢纽节点城市。宣城与长三角地缘相连，人缘相亲，文化相近。区域面积大，可供开发的土地多，水资源丰富，环境容量较大。特色农产品资源丰富，矿产资源种类多、储量大，已探明储量的矿产资源达50余种，特别是石灰石等非金属矿资源储量大。宣城拥有大量自然与文化景观，是“两山一湖”旅游区的重要组成部分，成为长三角地区风光旖旎的“后花园”，旅游业一体化趋势明显加快。宣城海关、国检监管查验场所于2014年底投入运营；宣城“无水港”已开港运营；安徽皖东南保税物流中心和市区公用型保税仓库正在建设中。德邦物流、联邦物流等知名物流企业在宣城均有布点，能为企业提供安全便捷的物流服务。

总体而言，宣城根据自身资源优势，正在牢牢把握本地主导产业定位，集中力量引进投资规模大、科技含量高的项目。宣城应淘汰落后产能，清除低附加值高污染、高能耗企业，优先发展节能环保型产业，对电子信息半导体工业软件方面应该重点承接，重点实现规模化发展。应加大对第三产业的扶持力度，利用好宣城的历史旅游文化底蕴丰富和区位条件优势，打造国际知名的旅游目的地。应引导承接产业定向集聚，把全市9个省级

以上开发区作为承接长三角产业转移的重要载体和平台，引导转移产业定向集聚，促进各园区形成独特的产业集群区。在承接产业转移过程中，要加大环境监测力度，鼓励和支持开发区发展循环经济，严格执行环保制度，对标控制污染物排放总量，实现污染物稳定达标排放，完善节能减排指标、监测和考核体系。作为长三角 G60 科创走廊的九城市之一，宣城应积极利用科创走廊的平台和机制，积极推进全领域战略合作、全方位深度接轨，继续加大外贸平台建设，促进外向型经济发展，提升科技创新能力，完善基础设施和功能配套，充分发挥宛陵科创城完善的载体功能，推动宛陵科创城与张江科学城、G60 长三角研究院、湖州科技城等长三角平台机构的协同创新，深度参与长三角协同创新产业体系分工合作，加快打造皖苏浙省际交汇区域中心城市。

八、安徽芜湖篇

芜湖，简称“芜”，别称江城，安徽省地级市，南倚皖南山系，北接江淮平原，浩浩长江自城西南向东北缓缓流过，青弋江自东南向西北穿城而过，汇入长江。芜湖是国家长江三角洲城市群发展规划的大城市，皖江城市带承接产业转移示范区的核心城市，合芜蚌国家自主创新示范区、皖南国际文化旅游示范区、合肥都市圈和长三角 G60 科创走廊的重要成员，经济总量居安徽省第二位。芜湖与沪苏浙地区文化交融和产业合作历史悠久、源远流长，既有“织造尚松江，浆染尚芜湖”的生动写照，又有“以芜湖为龙头和突破口，开发皖江，呼应浦东，迎接辐射”的改革实践。近年来，芜湖荣获全国文明城市、创新型试点城市、电子商务示范城市、信息消费示范城市、国土资源节约集约模范市、双拥模范城、园林城市、森林城市、水生态文明城市、质量魅力城市、雕塑之城等称号，4 次荣获中国人居环境范例奖，入选中国改革开放 40 周年发展最成功的 40 座城市、数字经济百强

城市。芜湖的城市精神是“开放、诚信、务实、创新”，城市名片是“长江明珠，创新之城”。2018 年，芜湖正式加入 G60 科创走廊，紧紧围绕“五个聚焦、五个一体化”要求，主动对接融入科创走廊建设，加快推进基础设施高标准互联互通、产业发展分工协作、科技创新协作联动、“一网通办”制度改革等，为推动 G60 科创走廊建设贡献了芜湖智慧和力量。

（一）安徽芜湖分指数分析

根据长三角 G60 科创走廊高质量一体化发展评价指标体系，本研究测算了芜湖在各个领域的发展指数，图 4－55 展示了 2016—2019 年芜湖在经济发展、科技创新、要素流动、产业集群、绿色发展、市场开放和社会民生七大领域的得分情况。总体来看，芜湖在经济发展、科技创新、要素流动、产业集群和市场开放等方面呈现增长趋势，2019 年 5 个领域指数分别达到 84.13、153.97、136.22、100.14 和 174.96，发展成效十分显著。其中，科技创新指数和市场开放指数在 2019 年取得重大突破，在长三角 G60 科创走廊中起到引领和示范作用。

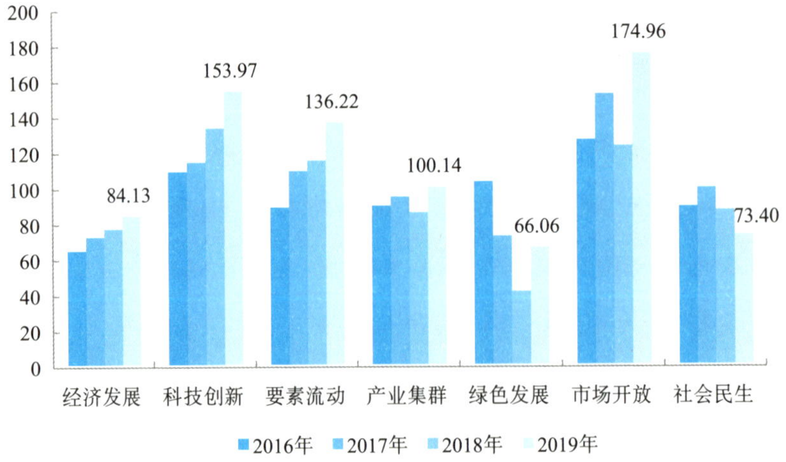

图 4－55　芜湖各领域发展指数

（二）安徽芜湖主要指标情况

芜湖作为长三角 G60 科创走廊的成员，以创新引领推动高质量发展，经济结构不断优化，产业结构高级化程度逐渐提升，人民生活持续改善，聚焦产业集群协同、聚焦机制完善，不断助力推进长三角 G60 科创走廊一体化进程。

1. 经济增长迅速，产业结构高级化程度提升

2019 年，芜湖经济增长迅速，全年实现地区生产总值 3618.26 亿元，增长 8.2%，高于全国 2.1 个百分点。针对国内经济结构转型升级趋势和国际贸易冲突的冲击，芜湖落实五大发展行动计划，加快推动战略性新兴产业全速发展、传统产业改造升级、优势产业做大做强。2017—2019 年，芜湖第一、二、三产业增加值不断提升。其中，第一产业增加值 146.57 亿元，增长 3.1%；第二产业增加值 1756.87 亿元，增长 9.6%；第三产业增加值 1714.82 亿元，增长 7.1%。从产业结构高级化程度来看（见图 4－56），2016—2019 年，产业结构高级化程度由 70.78 增至 97.61，产业结构高级化程度不断提升。

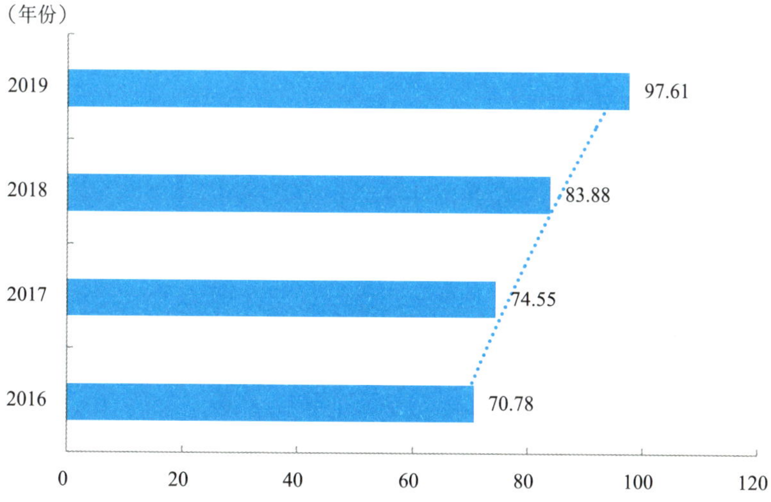

图 4－56　芜湖产业结构高级化程度

2. 科技创新引领发展，创新型城市建设迈出新步伐

在科技创新指数中（见图 4－57），2016—2019 年芜湖分别以 108.67、113.90、133.06 和 153.97 的得分位列九城市第 4，且高于 G60 总体得分，展现出强劲的发展势头。其中，技术合同成交额占比和规模以上工业新产品增力度两个指标对芜湖科技创新指数的贡献度较高。

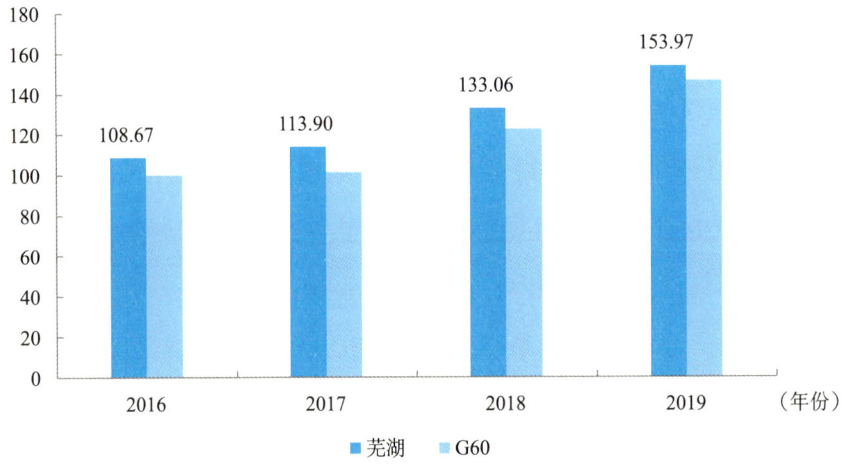

图 4－57　芜湖科技创新指数

近年来，芜湖坚持把创新作为引领发展的第一动力，深入实施创新驱动发展战略，创新型城市建设迈出新步伐。2019 年末，全市拥有省级及以上工程技术研究中心 101 个；省级及以上企业技术中心 188 个，其中国家级 13 个，新增省级 18 个；省级及以上重点（工程）实验室 21 个；省级技术创新中心 2 个；省级新型研发机构 14 个；省级及以上质检中心 5 个，其中国家级 3 个；院士工作站 38 个。拥有高新技术企业 804 家，其中当年新认定 146 家。拥有国家科技型中小企业 805 家。拥有省级高新技术产品 1127 个，其中当年新认定 389 个。国家知识产权示范企业 10 家、优势企业 31 家，省级知识产权示范培育企业 8 家、优势企业 38 家。全市有省级以上科技企业孵化器 18 家，孵化面积 46 万平方米，其中国家级孵化器 3 家；省级以上众创空间 24 家，其中国家级 5 家。2019 年组织实施各类科技计划项目

552 项，其中国家、省级项目 453 个；全年获省级以上科技奖 34 项。2019 年，专利申请量 17455 件，其中发明专利 6987 件；专利授权量 9975 件，其中发明专利 2555 件；万人有效发明专利拥有量 35.4 件。拥有中国驰名商标 42 件，当年新认定 3 件；拥有安徽省政府质量奖 2 家。

（三）安徽芜湖特色发展情况

1. 机器人产业特色鲜明，构建全产业链协同发展格局

长三角一体化发展进程中，芜湖机器人产业发挥后发优势，在全国率先出台机器人产业集聚发展相关政策，规划建设机器人产业园，借助产业集聚发展成为“国家试点”和“省级基地”的双重叠加政策优势，构建政策支持、投融资、技术研发、检验检测、人才支撑、应用推广六大产业支撑平台。2018 年 12 月，长三角 G60 科创走廊机器人产业联盟在芜湖成立，并发布机器人产业合作芜湖宣言、产业联盟十大服务举措，打造 G60 科创走廊机器人产业一体化发展平台，促进产业链上下游资源整合、机器人产业与人工智能深度融合、产业与智力资本有效对接，推动形成“九城联动、资源共享、深度融合、集群发展”的格局。

2016—2019 年，芜湖机器人产业同比增速分别达到 32.67%、30.15%、10.5%和 14.14%（见图 4－58），展现出强劲的增长动力。经过短短几年的发展，芜湖机器人产业率先在全国实现了核心零部件国产化，机器人本体全面接近国际一流水平，机器人系统集成日趋成熟。2019 年，芜湖机器人产业园集聚上下游企业 128 家，实现产值 172.09 亿元，形成了以埃夫特、希美埃、行健、隆深等为代表的工业机器人整机企业；以奥一精机、瑞博思、清能德创、翡叶动力等为代表的机器人核心零部件企业；以酷哇、星途科技、戴维克斯、海博等为代表的服务及特种机器人企业；以瑞祥、普迈科、埃华路、东旭装备等为代表的智能制造系统集成企业；以赛宝、哈特、安普等为代表的公共研发检验检测平台。产业园依托自主创新突破了

机器人核心零部件、机器人整机及机器人系统集成等核心技术，形成了以研发、投融资、应用推广、人才支撑、产业链协同的全产业链发展生态。

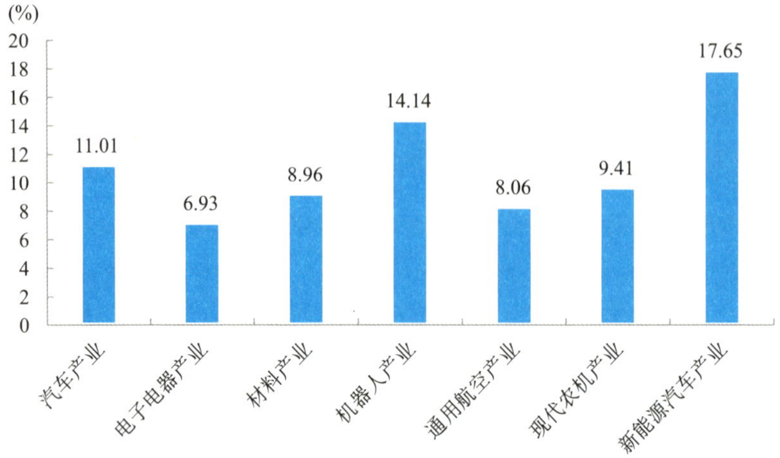

图 4-58　芜湖 2019 年各特色产业产值同比增速

2. 新能源汽车产业集聚发展，引领绿色出行新动能

作为汽车大市，芜湖将新能源汽车产业列为重点产业。自 2015 年获批安徽省第一批战略性新兴产业集聚发展基地以来，芜湖通过“强龙头、抓链条、搭体系、推政策、促运营”等方式，不断加大有效投入，省、市、区三级政府先后投入近 15 亿元资金，带动约 200 亿元的总投资，实现了近 21 万辆纯电动新能源汽车的产销量，大力推动我国新能源汽车产业的发展。到目前为止，基地集聚规模效应凸显，已形成以奇瑞新能源、奇瑞商用车为代表的整车双龙头企业，以天弋锂电、奇瑞安川电机、威迪斯电机等为代表的“三大电”企业，以威迈斯电源、豫新世通电空调等为代表的“六小电”企业，以忠旺铝材、明基材料等为代表的新材料企业，以奇英智能、盟博科技、泊啦图为代表的智能网联企业，以好用、金玺、易同等为代表的运营推广企业的产业集群。2016—2019 年，芜湖新能源汽车产业实现同比增速 28.5%、18.98%、34.4% 和 17.65%（见图 4-58）。2019 年，芜湖新能源汽车产业集聚发展基地实现产值 364 亿元，增长 20.1%。

产业集群的规模效应不仅体现在产值方面，也体现在科技创新领域。2019 年以来，芜湖新能源汽车产业集聚发展基地以智能网联为牵引，打造全新一代车载智能网联系统，实现了自适应巡航、车道保持、自动泊车、线控平台等自动驾驶技术的推广运用。以氢燃料为突破，完成首台氢燃料大巴试制，并在上海运行超 3000 公里，完成 15 千瓦—50 千瓦级燃料电池系统的高速离心式无油润滑空气压缩机、氢气循环系统样件开发；以创新平台为依托，新增国家级绿色设计产品 1 个、国家级绿色供应链 1 个、省级企业技术中心 5 个、博士后工作站 3 个，参与制定国家标准 2 项，新引进高层次人才团队 12 家。新能源汽车产业的快速发展为芜湖全市经济发展注入了强劲的“绿色动能”。

总体而言，在长三角 G60 科创走廊上升为国家战略的大背景下，安徽省芜湖市根据自身产业发展优势，聚焦规划对接、聚焦战略协同、聚焦专题合作、聚焦市场统一、聚焦机制完善，与其他城市在产业合作、协同发展方面按下“加速键”，推动长三角先进制造业集群一体化发展，助力“G60 科创走廊”将长三角一体化进程引向纵深。芜湖是 G60 与长江黄金水道交汇的坐标城市，作为新兴工业城市，芜湖市在汽车及零部件、材料、电子电器、电线电缆四大支柱产业实现集群式发展，拥有完善的整条产业链。未来芜湖市应继续秉持新发展理念，抓实长三角更高质量一体化发展国家战略和长三角 G60 科创走廊建设；加强合作，牢牢把握产业链和创新链导向，推动科创要素按市场配置要求自由流动；坚持精准制度创新和有效制度供给，协同打造长三角 G60 科创走廊一流的国际营商环境，积极推动长三角 G60 科创走廊更高质量一体化发展。

九、安徽合肥篇

合肥因东淝河与南淝河均发源于此而得名。“合肥”之名，最早出现在司马迁的《史记·货殖列传》中：“合肥受南北潮，皮革、鲍、木输会也。”隋至明清时，合肥一直是庐州府治所，故又称“庐州”。数千年前，史前先民就在合肥地区聚族而居，繁衍生息。历史上，合肥数为州郡治所，是江淮地区重要的行政中心和军事重镇，素有“淮右襟喉、江南唇齿”“江淮首郡、吴楚要冲”“三国故地、包拯家乡、淮军摇篮”之称，历来是重要商埠和兵家必争之地。合肥正不断加强基础设施互联互通，着力构建“水陆空铁”衔接联动的立体交通网络。大交通正释放强劲动力，推动合肥都市圈向更高水平、更深层次、更广领域开拓发展。合肥都市圈内高速公路已经覆盖所有市、县，基本形成干支结合的公路骨架网，等级公路总里程超过8万公里，其中高速公路2120公里，一级公路1919公里。高铁飞驰，织线成网，合肥“米”字形高铁格局，连接起长三角一体化高速铁路交通网络，合肥的高铁触角已延伸至17个省会城市和4个直辖市，一体发展，交通先行。加入G60科创走廊后，合肥不断强化科技创新驱动、高端产业引领、

头部企业带动，智能芯片、量子通信、人工智能等新兴产业，以及“人造太阳”、超导装置等大批顶尖科技成果密集诞生于合肥，这必将带动长三角G60科创走廊九城市乃至长三角更多城市合理布局产业链、创新链和价值链，促进资源配置协同优化，推动长三角高质量一体化发展。

（一）安徽合肥分指数分析

2016—2019年，合肥各指数总评分呈现逐年上升趋势（见图4－59），相比较而言，2019年增长最快，明显高于前两年，同比增速为10.58%，高质量一体化发展势头迅猛。通过横向和纵向比较高质量一体化发展的七大指数发现（见图4－60），合肥在要素流动、科技创新、产业集群、经济发展四方面表现较好，呈现连年增长的趋势，在高效要素流动、科技创新和产业集群的共同推动下，经济发展取得显著成绩。绿色发展、市场开放和社会民生三大指数存在一定的波动性变化。

2019年，合肥指数评分从高到低依次为要素流动、科技创新、产业集群、经济发展、绿色发展、市场开放、社会民生，其中要素流动和科技创新的评分相对较高，表明合肥的要素流动效率和科技创新水平较高。经济发展增速明显，在九城市中表现突出，城市竞争力得到显著提升。

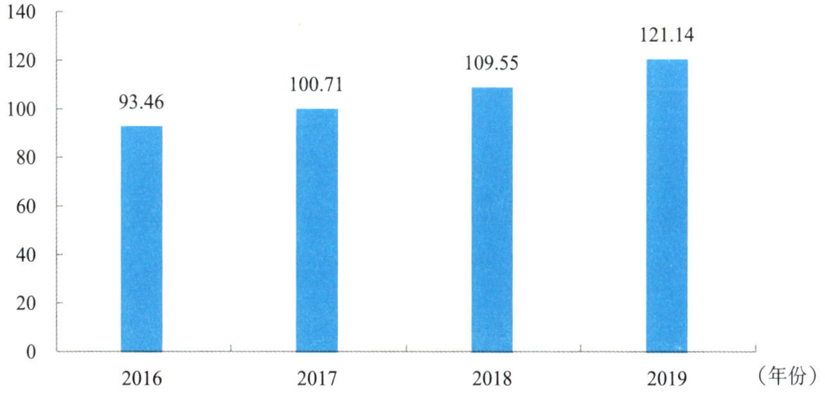

图4－59　合肥高质量一体化发展指数

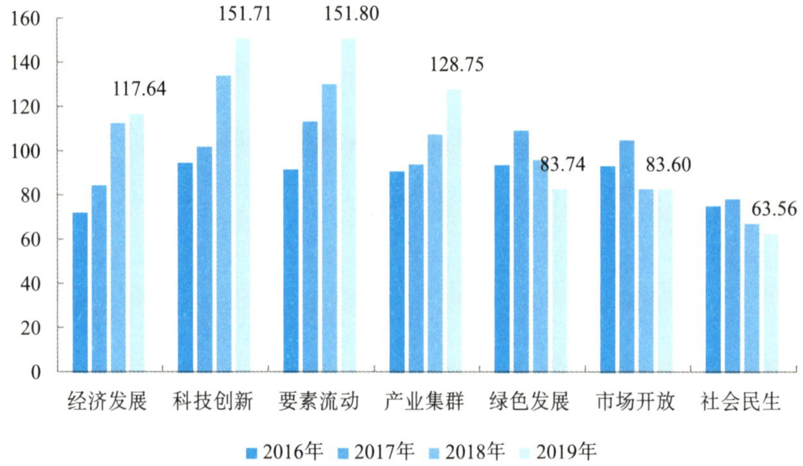

图 4－60　合肥高质量一体化发展指数

（二）安徽合肥主要指标情况

合肥致力于打造内陆开放新引擎，成立长三角 G60 科创走廊环境产业技术创新联盟，联动长三角九城市协同创新，打造“中国环境谷”，发展环境产业、数字经济、电子商务、现代金融等“六大产业”。近年来，合肥发挥区位交通枢纽、高端产业集聚、科教资源汇集、生态环境优质等比较优势，利用 G60 科创走廊发展的新机遇，紧扣高质量和一体化两个关键词，主动作为、积极融入，为推动 G60 科创走廊更高质量一体化发展打造创新新引擎。

1. 科技投入产出效率逐年提升，发明专利成绩斐然

2016—2019 年，合肥科技创新能力得到较大提升，技术合同成交金额占比和 R&D 人员投入力度稳步上升（见图 4－61）。每万人有效发明专利数量的评分连年增长（见图 4－62），科技投入的产出效应明显。

2019 年，合肥全年有 8 项科技成果获国家科技奖，其中国家自然科学奖二等奖 1 项、国家科学技术进步奖二等奖 6 项、国家技术发明奖二等奖 1 项。全年受理专利申请 61205 件，其中发明专利 25453 件；授权专利 30245 件，其中发明专利 5981 件，比 2018 年增长 6.9%。全年签订输出技术合同

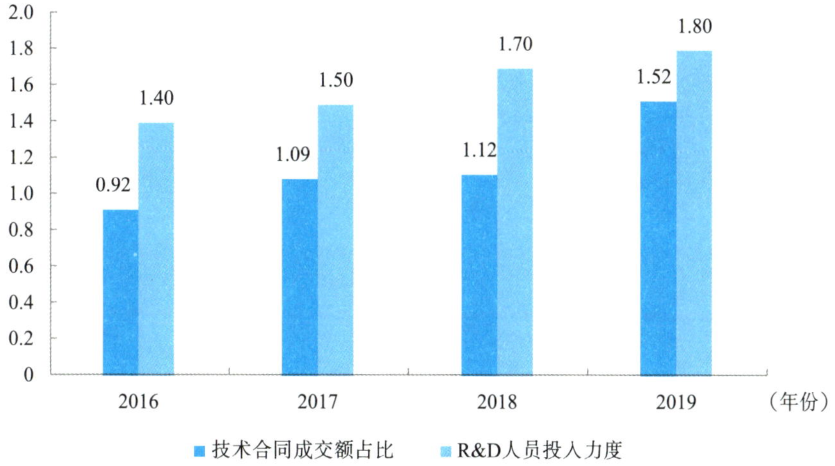

图 4－61　合肥技术合同成交额占比与 R&D 人员投入力度评分

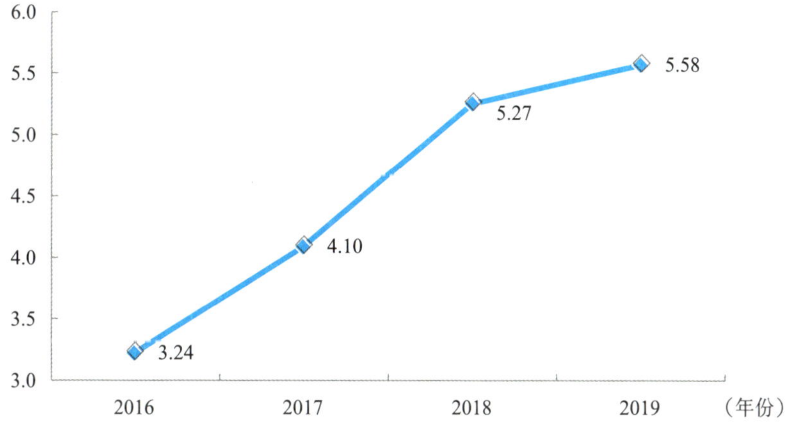

图 4－62　合肥每万人有效发明专利数评分

14962 项，成交金额 222.4 亿元，增长 15.9%；签订吸纳技术合同 9581 项，成交金额 252.56 亿元，增长 52.5%。

2. 技术要素流动性强，劳动力配置效率呈增长趋势

2016—2019 年，合肥技术要素流动强度和劳动力配置效率指标得分在九城市中表现突出，且呈现连年增长趋势（见图 4－63），其中技术要素流动强度在九城市中位列前茅。由此可见，合肥要素流动效率较高，可从资金和技术两方面对先进制造业给予有力支撑。

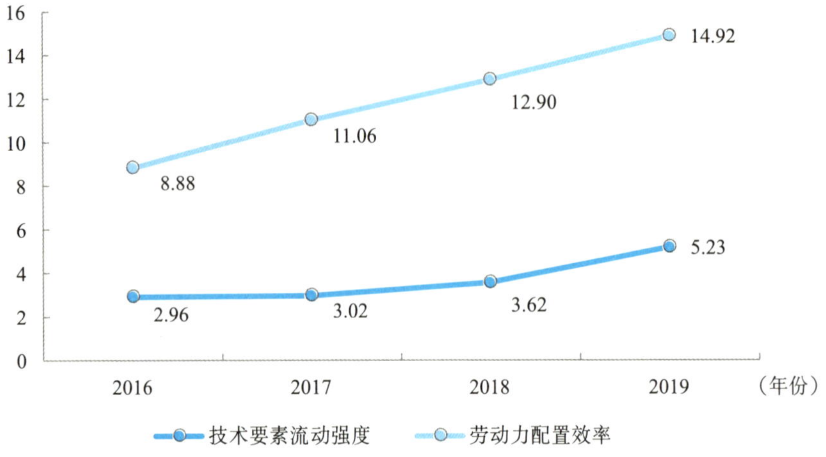

图 4－63　合肥技术要素流动强度与劳动力配置效率评分

2019 年，合肥全年新增上市公司 3 家，融资 44.66 亿元，至年末共有境内外上市公司 51 家（其中境外上市 5 家）。全年债券融资 3086.75 亿元。新东方教育香港上市融资，创合肥民营企业首发上市募资额新高。

合肥有院士工作站 59 个，两院院士 127 人；国家级（重点）实验室 10 个，部属（重点）实验室 36 个，省级（重点）实验室 130 个；省级以上工程技术研究中心 139 个，其中国家级（含分中心）7 个；省级以上工程研究中心 61 个，其中国家级 17 个；省级以上工程实验室 52 个，其中国家级 8 个；省级以上企业技术中心 347 个，其中国家级 50 个；市级以上科技企业孵化器 68 个，其中国家级 16 个；市级以上众创空间 90 个，其中国家级 18 个。

3. 第三产业发展迅速，规模以上工业总产值稳步攀升

2016—2018 年，合肥第三产业占 GDP 比重快速上升，2019 年小幅上扬（见图 4－64）。2016—2019 年，规模以上工业总产值占 GDP 比重得分小幅稳步上升。

2019 年，合肥全年批发和零售业增加值 969.70 亿元，比 2018 年增长 4.5%；交通运输、仓储和邮政业增加值 504.67 亿元，增长 6.5%；住宿和餐饮业增加值 196.21 亿元，增长 8.7%；金融业增加值 869.07 亿元，增长

7.3%；房地产业增加值 878.0 亿元，增长 4.5%；其他服务业增加值 2274.89 亿元，增长 10.7%。以互联网信息技术、商务服务等新兴行业为代表的规模以上其他营利性服务业营业收入增长 14.2%，其中互联网和相关服务业、软件和信息技术服务业、商务服务业、文化艺术业营业收入分别增长 42.4%、13.6%、13.1%和 33.5%。

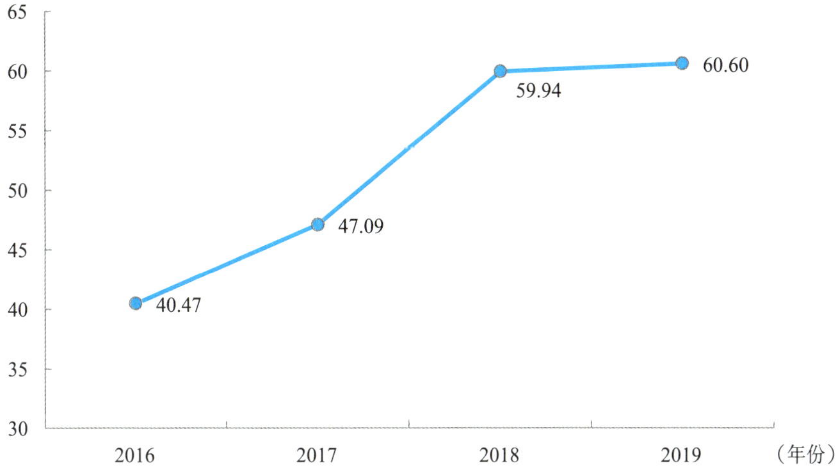

图 4－64　合肥第三产业占 GDP 比重变化情况

2019 年，合肥规模以上工业企业实现利润 314.58 亿元，比 2018 年增长 4.7%；实现税金 285.45 亿元，增长 1.0%。每百元营业收入中的成本为 85.10 元，较 2018 年减少 0.55 元。资产负债率为 58.9%，比 2018 年下降 0.9 个百分点。年末全市规模以上工业企业 2265 户。其中，产值超亿元企业 736 户，比 2018 年减少 1 户；超 50 亿元企业 24 户，增加 5 户；超百亿元企业 9 户，增加 3 户，联宝电子成为合肥首个年产值超 700 亿元企业。全年规模以上工业增加值比 2018 年增长 8.6%，其中国有企业增长 9.8%、股份制企业增长 7.9%、外商及港澳台商投资企业增长 11.1%。

规模以上工业中，37 个工业大类行业有 21 个增加值保持增长。六大主导产业增加值比 2018 年增长 12.0%，占规模以上工业的 66.1%，比 2018 年提高 1.3 个百分点，其中平板显示及电子信息产业增长 23.4%、家用电器制造业增长9.4%。规模以上工业出口交货值比2018年增长4.5%。

（三）安徽合肥特色发展情况

1. 提高要素配置效率，发挥资本、技术双重推动力

合肥相继出台一系列政策提高技术、金融要素流动效率，促进产业发展。按照《合肥市产业投资引导基金管理办法》，专门设立主导产业投资基金，重点支持智能语音、新型显示、集成电路、智能制造、智能家电、光伏新能源等产业发展。对实施小微工业企业贷款贴息及担保费补贴，经由市政府推介的优质小微工业企业，对其上年度实际发生的流动资金贷款利息，按银行同期基准利率给予最高50%贴息，并对企业上年度新发生的流动资金贷款担保费按担保额给予最高1%补贴。

合肥深挖金融科技资源，出台了一系列促进金融科技业态发展的专项扶持政策，加快推动金融与创新、产业、科技深度融合，积极发展产业基金、汽车金融、消费金融、资产管理等金融新业态，促进产业链、创新链、资金链“三链”成环，以多元化的关联业态及活跃的金融氛围为金融科技发展提供业务载体和应用场景，构建具有地区特色的金融科技体系。合肥已集聚徽银理财、华融消费金融、正奇金融、瓜子金融、花生好车等18家具有全国或区域影响力的金融科技法人总部，其中正奇金融、瓜子金融、花生好车三家独角兽企业总估值已超100亿美元。

2. 提升产业集群效应，探寻高质量发展路径

2019年，为进一步促进产业加快升级，实现高质量发展目标，《合肥市培育新动能促进产业转型升级 推动经济高质量发展若干政策实施细则》出台。近年来，合肥通过推动资源要素向战略性新兴产业集聚，政策向战略性新兴产业倾斜，战略性新兴产业集群实现了跨越式发展。

新型显示器件产业整体规模国内领先，集成电路设计业产值年复合增长率居全国前列，人工智能产业部分领域核心技术国内外领先。新型显示

器件、集成电路、人工智能入选首批国家战略性新兴产业集群，入选数排全国城市第4位、省会城市第2位，成功获批国家新一代人工智能创新发展试验区。新型显示器件产业集群正成为国内面板产能最大、产业链最长、技术水平一流、具有国际竞争力的集聚发展区。从业企业超80家，累计投资项目超110个，已完成投资超1400亿元。集成电路产业集群实现了从材料、设计、晶圆制造到封装测试的全产业链覆盖。拥有集成电路全产业链企业超200家，联发科、群联电子、Arm、杰发科技、力晶科技等一批国内外集成电路龙头企业先后落户合肥，形成了涵盖上下游的完整产业链。人工智能产业集群已经形成龙头引领产业集聚、科研支撑强劲的产业生态体系。拥有科大讯飞、新华三等一批龙头企业，集聚企业超500家，初步形成"基础应用技术+底层硬件+数据计算+智能终端+行业应用"的产业布局。中国声谷孵化园三期、新华三安全产品基地、智能可穿戴产品研发及产业化、科大讯飞人工智能云服务平台等重点项目加快建设。

大力培育发展战略性新兴产业工作获国务院通报激励。合肥通过搭建成果转移转化平台、组建产业基金、出台产业支持政策等一系列措施，大力促进原创成果转移转化，助推战略性新兴产业快速发展。瞄准科技成果转化难题，围绕产业链部署创新链，以推进"三重一创"建设为抓手，推动"芯屏器合"产业提速提质，着力打造创新型现代产业体系。2019年，全市战略性新兴产业增加值增长15.2%，占规上工业比重52.6%，创历史新高（见表4－8）。合肥已形成新型显示、集成电路、智能语音、新能源汽车、生物医药和医疗装备、文化创意6个省级战略性新兴产业基地；智能终端、智能装备、电子商务和光伏4个市级战略性新兴产业基地。

表4－8　　合肥特色战略性新兴产业产值占规上工业值比重　　单位：%

年份	新一代信息技术	新能源	节能环保
2016	14	4.3	3.7
2017	16	4.7	3.8

续表

年份	新一代信息技术	新能源	节能环保
2018	19.4	5.3	8.1
2019	22.8	4.6	11

3. 依托高校资源，深化科技创新

2020 年 6 月，世界知识产权组织发布《2020 年全球创新指数报告（GII2020）》，对全球经济体中的热点“创新集群”进行排名，并列出得分最高的前 100 名，中国共有 17 个创新集群上榜。合肥居百强榜第 79 位，比去年上升了 11 位。近年来，合肥依托合肥综合性国家科学中心和滨湖科学城这两颗“双子星”建设，深度融合“政产学研用”，提升产业核心竞争力，着力打造具有国际影响力的创新高地，走活高质量发展“一盘棋”。

合肥正加快建设一流综合性国家科学中心这一“国字号”品牌。2017 年获批建设以来，合肥综合性国家科学中心矢志成为全国科技创新策源地，成为代表国家水平参与全球科技竞争与合作的重要力量。中科院量子信息与量子科技创新研究院一期主体结构完工；合肥综合性国家科学中心能源研究院、人工智能研究院启动运行；聚变堆主机关键系统综合研究设施全面开工建设；合肥先进光源预研即将完成；大气环境立体探测实验研究设施和强光磁集成实验装置启动预研。2019 年，合肥综合性国家科学中心等一系列重大创新平台建设取得新进展。量子领域两项重大科学进展成功入选 2019 年度中国科学十大进展。全国首次投产的自主研发动态随机存储芯片在合肥面世，8 项成果获 2019 年度国家科学技术奖。

为形成推动战略性新兴产业发展的科技创新平台，合肥依托本地高校，全面深化与国内外知名高校、科研院所的战略合作，在中科大、合工大、科大讯飞等高校院所、龙头企业布局了类脑智能、智能交互、深度学习等领域的技术研发项目，加快实现人工智能核心技术突破。合肥正在推进综合性国家科学中心建设，构建由国家实验室、重大科技基础设施集群、交

叉前沿研究平台和产业创新平台、“双一流”大学和学科组成的“2+8+N+3”的创新体系。目前，合肥已与全国几十所高校、科研院所共建近30个创新平台。一批领军性创新人才广泛集聚，全市汇集各类人才190万人，其中专业技术人才95.2万人，在肥服务“两院”院士127人，入选各类人才项目的高层次人才4000多人。

承载国家使命，为发展注入原动力。合肥正在加快建设国家实验室，打造重大科技基础设施，布局一批“国字号”交叉前沿研究平台，积极争创量子信息科学国家实验室，力争首批国家实验室在肥挂牌，正加速成为具有全球影响力的科技创新策源地，在服务国家战略需求中体现“合肥担当”。

4. 推进开放合作，提升城市影响力

合肥坚持“开放合作”与“支撑引领”并举、“请进来”与“走出去”并重，筑牢国内外合作基础，提升科技创新全球影响力。国际上，积极推动重大科技基础设施开放共享，EAST装置被列入我国面向金砖国家开放的重大科技基础设施名单。在国内，紧紧抓住长三角区域一体化发展国家战略重大机遇，积极参与G60科创走廊建设，深化与上海松江合作。

总体而言，合肥在不断改革探索中，逐渐形成科技、产业的协同机制，科技创新给予产业发展强有力的支撑，提供源源不断的智力支持，形成了雄厚的人才和技术储备；反过来，通过转化，产业发展实现了科技成果的市场化应用，进一步激发科研人员的积极性和创造性。科技与产业相融相促，正是合肥产业突飞猛进发展的一个重要原因，也将合肥带入产业发展新的历史阶段，成为全国重要的先进制造业基地，正在聚力打造全国性产业创新中心。下一步，合肥应进一步开展产业转型升级工作，提高产业竞争力；在提升经济总量的同时，继续加大科研经费投入和高新产业扶持力度，促使创新城市工作进一步展开；尽量避免区域内相似产业之间的竞争，

通过积极承接产业转移，加强产业的专业化分工协作与互补，提高产业发展质量；大力发展现代农业、新型工业化和现代服务业水平，以更高的专业化程度和更大的劳动生产率优势，充分利用 G60 科创走廊发展契机，积极推动本市、G60 九城市乃至整个安徽产业转型升级的进一步发展。

第五部分

政策建议

长三角 G60 科创走廊自 2016 年启动建设以来，持续快速推进，从秉持新发展理念的基层生动实践上升为国家战略的重要组成部分，努力打造科技和制度创新双轮驱动、产业和城市一体化发展的先行先试走廊。2016—2019 年，长三角 G60 科创走廊高质量一体化发展指数逐年提升，经济发展、科技创新、要素流动、产业集群、绿色发展、辐射贡献、市场开放、社会民生和区域均衡等分指数均呈现上升趋势，以科创走廊辐射长三角，以廊内的高质量一体化发展带动长三角一体化发展进程，有力地推动了区域基本公共服务均等化、基础设施通达程度比较均衡、人民基本生活保障水平大体相当的区域协调发展目标的实现。

当前，我国发展面临的国内外环境复杂严峻，“十四五”时期尤其要发挥长三角 G60 科创走廊的聚集与辐射作用，发挥九城市协同作用、打造长三角区域“小循环”的增长极，助力我国加快形成以国内大循环为主体、国内国际双循环相互促进的新发展格局。长三角 G60 科创走廊充分利用制度优势、产业优势和创新优势，深刻认识错综复杂的国际环境带来的新矛盾、新挑战，增强机遇意识和风险意识，保持战略定力，促进经济结构更加优化，实现经济持续健康发展。G60 科创走廊在完成一批科技创新、产业

发展、基础设施、公共服务等重大项目，提升在全球产业分工和价值链中的地位的同时，先行先试一批创新改革举措，加强改革系统协成高效集成，创造国际一流的营商环境，实现从要素流动型开放向制度型开放的转变，努力建成国际一流的科技创新走廊。

第一，推动完善区域协同利益共享机制，增强科创走廊发展内在合力。利益共享机制是区域协同发展的核心问题，发展兼顾平衡，集聚注重平衡，需要实施切实可行的财税分享制度等在内的地区间利益共享机制，增强科创走廊发展的内在合力。

其一，促进区域一体化协同发展中需要合理共建利益共享机制，在发展中兼顾平衡。在飞地经济利益分享方面，针对G60科创走廊中已经出现的在发达地区设置飞地以实现招商引智的经济实践，迫切需要探索建立包括资金、税收、用地、用人等方面的利益共享机制，以及在增值税、企业所得税、个人所得税等方面明确地区间分配规则，充分调动参与共建的两地的积极性，以促进此类飞地经济的可持续发展。

其二，在科技创新成果利益分享上，一方面需要完善相关法律，制定激励政策以激发各创新主体的研发热情，如借鉴美国经验研究制定中国版的《拜杜法案》，探索合理有效的利益分配机制，为各创新主体的利益保护提供必要的法律支撑；另一方面，可以组建专家评审委员会，对各方参与科技创新一体化的利益得失进行测算评估，尤其是对资源输出方和技术溢出方进行必要的补偿和奖励，理顺权属利益关系，充分调动各城市协同创新的积极性。

其三，长三角G60科创走廊九城市合作创立促进协同发展的产业基金，借助供应链金融、融资租赁等金融工具，利用九城市既有产业链资源进行协同孵化、技术攻关，带动高端研发创新资源加速集聚，构建跨区域产业合作和收益共享新模式，促进创新链、产业链深度融合，推进长三角G60科创走廊产业高质量一体化发展。

其四，在行政区域考核形成合力方面，应解放思想，破除观念壁垒，打破行政区划的藩篱，消除体制机制对科技资源配置的扭曲，更好地发挥市场的调节作用，形成和增强科创走廊发展内在合力，因此，对各城市的政绩考核指标进行部分调整，涉及公共利益的应创新考核方式，采取协同性考核，激励各城扎实推进科创走廊合力发展。

第二，推动实现新型基础设施互联互通，促进数据等要素流动赋能产业升级。G60 科创走廊在传统基础设施互联互通基础上，应加快实现新型基础设施联通对高质量一体化发展的支撑作用，以中共中央、国务院关于《构建更加完善的要素市场化配置体制机制的意见》为指导促进要素流动，赋能产业升级。

其一，在公共产品方面，长三角 G60 科创走廊区域传统“铁公基”旧基建项目已较为完善，新增项目计划亦在有序推进中，下一步应通过新基建加快新型基础设施公共产品的提供，尤其是科技创新方面的新公共产品的互联互通，从而更好地赋能实体、推动经济、服务社会，并建立开放共享机制。

其二，九城市政府推进公共品建设需要注重公共实验室、研发公共服务平台等科创公共品建设，充分发挥各地比较优势，根据各自所长推进新基建建设，如上海、合肥两大国家科学中心应聚焦国家重大战略基础研究专项进行研发公共品投入，杭州、苏州等产业较为发达的区域应当服务于产业发展建设“产业实验室”。

其三，长三角 G60 科创走廊区域内数据资源还存在着地域壁垒，行业数据标准亦未完全统一，科技资源共享的平台有待完善，公共领域的数据共享共用尚未实现。可考虑建立 G60 科创产业数据库，打通政企数据；设置九城市间统计制度衔接的机制性安排；构建 G60 特色数据要素资产驱动。

其四，数据、技术、资本等要素市场化配置是推动长三角 G60 科创走廊更高质量一体化发展的关键，要努力完善技术和数据两大要素的价格形成机制。在技术要素配置上激活技术产权激励，提升中介服务活力；在数据要素流通中探索数据权益制度，培育数据要素市场。

其五，长三角 G60 科创走廊高质量一体化进程将进入新的发展阶段，数字化转型将成为其中的核心动力，推动长三角区域以创新塑造发展新优势，以技术、数据等要素流动赋能产业升级，以要素市场改革建设高水平市场体系，以数据资源推动形成区域协调发展新格局。

第三，推动重要领域关键技术协同攻关，构建自主可控的现代化产业体系。面对贸易摩擦常态化背景下重点关键产业领域的竞争，尤其需要加强区域间科技合作，提高创新能力，加快提升关键核心领域的自主可控能力，积极应对集成电路、新材料、生物技术等产业前沿技术和关键核心技术领域的问题。

其一，在基础研发投入方面，一是政府作为基础研究的主要投入方，在考虑加大政府基础研究经费投入的同时，应注意提升经费支出的效率和效果，合作构建专业团队负责资金的投入和评估；二是要更加重视加强创新人才的培养，加强数学、物理等基础学科建设，鼓励具备条件的高校积极设置基础研究、交叉学科相关学科专业；三是推动落实激励企业研发的税收等普惠性政策，引导企业成为技术创新投入主体，加大研发投入；四是鼓励科研团队心无旁骛，长期持续地深耕基础理论研究。

其二，在协同攻关方面，组建行业联盟或产学研联盟，聚合产学研力量，合力争取国家重大科研任务和重大科学装置落户长三角地区，以更大力度服务“卡脖子”领域联合攻关，提高创新能力，加快提升关键核心领域的自主可控能力，积极应对集成电路、新材料、生物技术等产业前沿技术和关键核心技术领域的问题。

其三，在企业培育方面，加大科技小巨人企业培育力度，加快形成以“独角兽”“瞪羚”等高成长性科创企业为代表的创新型企业集群。建立G60科创走廊国家级科技企业孵化器联盟，共建一批国家级和省市级“双创”示范基地、产教融合实训基地、人才资源服务园，持续提升“双创”质量。借助上海国际金融中心优势，进一步推进产业联盟和示范园区内企业的培育、引资和上市一条龙服务，引导更多科技型中小企业做大做强。

其四，在科技成果转化方面，通过政府引导与市场运营双轮驱动，加速科技成果转化落地。建立科学合理的成果转移转化市场定价机制，让科技成果转移有理可循、有据可依。构建技术经纪制度，培育强大的技术转移中介市场，扶持生产力促进中心、科技信息中心、知识产权法律中介机构、金融机构等科技服务和中介平台发展，并依托中介平台打通企业与高校、科研机构的藩篱，实现技术需求方和供给方的无缝对接，把割裂的技术与市场有效衔接，促进科技成果转移转化。

其五，在产业链建设目标方面，长三角 G60 科创走廊在构建创新链和产业链的同时，需注意疏通产业的上下游关系，保持产业链供应链的稳定性和竞争力，建立自主可控的现代化产业体系。通过产业链国外环节的国内替代，促使产业链由国外转向国内，形成产业链的国内循环。

第四，推动人才领域开放、协作、共享智力资源，发挥科创走廊的辐射带动效应。吸引海内外科创人才集聚，推动人才领域开放、协作、共享智力资源，有助于提高长三角 G60 科创走廊高质量一体化发展的可持续性和竞争力，也有助于发挥科创走廊的辐射带动效应。

其一，为了更有力地支持吸引海内外科创人才集聚，九城市依托长三角 G60 科创走廊“国家移民政策实践基地”，重点探索移民管理新举措，推进外国人移民融入服务，落实海外人才资格待遇等；将重点聚焦落户问题，建立留学回国人才落户、高校应届毕业生直接落户、重点机构紧缺急需人才落户、居住证转办户籍的完整服务体系等。

其二，建立健全协调互通机制，区域内共同开展规划研究编制，统筹跨区域重大项目建设，对高新技术企业、高层次人才所享受的政策进行跨区域互用互认，形成一体化的制度环境和政务服务环境，提高企业人才、资金、技术等高端要素集聚能力，促进企业转型发展。服务人才上需要注重探索健全知识产权保护体系，拓展科研成果转化渠道，完善科技成果转化政策，为科技转换成生产力保驾护航。

其三，研究和对标国际市场规则，共同推进简政放权、放管结合、优化服务改革，推动市场体系统一开放，促进商品、资金、劳务、人才等各类要素资源在区域内顺畅流动和优化配置，充分释放区域协同的积极效应；推动长三角 G60 科创走廊人才领域更高水平开放协作，共享各城各地的智力资源。

其四，产业创新园区利用创新政策、整体规划，合理配置分流资源，优化环境；同时，依托大学与科研机构，为高技术企业提供具有创新能力的人力资源，营造创新的环境氛围。真正发挥科创人才作用，在芯片、人工智能、生物医药、操作系统、新材料等关键创新领域，争取打造一批头部科技企业，同时促进科技创新策源功能，发挥科创走廊的辐射带动效应，引领中国制造迈向中国创造。

此外，在特色发展方面，长三角 G60 科创走廊九城市可以依靠独特的绿色资源，以上海为源头推进 G60 绿色金融和绿色自然资源共享，推进区域绿色一体化。未来在条件成熟的情况下，可考虑引入长三角更多区域龙头和科创产业特色型城市加入。在长三角 G60 科创走廊未来拓展发面，一是 G60 科创走廊可引入苏南其他城市，提升产业创新能力，强化科技创新与产业创新的良性互动，上海松江可以更好地联合上海嘉定、上海青浦、上海奉贤等城区融合发展、打造综合性节点城市，提高策源能级发挥引领作用；二是进一步拓展 G60 高速向西纵深拓展，纳入更多发达城市，进一步发挥 G60 科创走廊对长三角区域的辐射和带动效应，更好地促进长三角经济高质量一体化发展。